Emilia Pardo Bazán

Cuentos nuevos

Barcelona **2024**
Linkgua-ediciones.com

Créditos

Título original: Cuentos nuevos.

© 2024, Red ediciones S.L.

e-mail: info@linkgua.com

Diseño de cubierta: Michel Mallard.

ISBN tapa dura: 978-84-1126-367-2.
ISBN rústica: 978-84-9953-820-4.
ISBN ebook: 978-84-9007-753-5.

Cualquier forma de reproducción, distribución, comunicación pública o transformación de esta obra solo puede ser realizada con la autorización de sus titulares, salvo excepción prevista por la ley. Diríjase a CEDRO (Centro Español de Derechos Reprográficos, www.cedro.org) si necesita fotocopiar, escanear o hacer copias digitales de algún fragmento de esta obra.

Sumario

Créditos	4
Brevísima presentación	9
La vida	9
La niña mártir	11
El Cinco de Copas	16
Náufragas	20
Las dos vengadoras	25
La mariposa de pedrería	29
El ruido	33
El tornado	37
Agravante	42
La hierba milagrosa	46
Sobremesa	52
Evocación	56
Confidencia	60
Piña	65
La calavera	70

Cuatro socialistas _____ 76

El tesoro _____ 80

La paloma negra _____ 84

Sedano _____ 88

Madre _____ 96

Cuento primitivo _____ 101

La cena de Cristo _____ 106

Apostasía _____ 109

La flor de la salud _____ 113

La flor seca _____ 118

La cruz roja _____ 122

Linda _____ 127

Rosquilla de monja... _____ 132

Geórgicas _____ 136

El voto _____ 140

Los huevos arrefalfados _____ 144

El baile del Querubín _____ 150

Coleccionista _____ 161

En verso _____ 165

El sino _____ 169

Paracaídas _____ 173

Libros a la carta _____ 179

Brevísima presentación

La vida
Emilia Pardo Bazán (1851-1921). España.
Nació el 16 de septiembre en A Coruña. Hija de los condes de Pardo Bazán, título que heredó en 1890. En su adolescencia escribió algunos versos y los publicó en el *Almanaque de Soto Freire*.

En 1868 contrajo matrimonio con José Quiroga, vivió en Madrid y viajó por Francia, Italia, Suiza, Inglaterra y Austria; sus experiencias e impresiones quedaron reflejadas en libros como *Al pie de la torre Eiffel* (1889), *Por Francia y por Alemania* (1889) o *Por la Europa católica* (1905).

En 1876 Emilia editó su primer libro, *Estudio crítico de Feijoo*, y una colección de poemas, *Jaime*, con motivo del nacimiento de su primer hijo. *Pascual López*, su primera novela, se publicó en 1879 y en 1881 apareció *Viaje de novios*, la primera novela naturalista española. Entre 1831 y 1893 editó la revista *Nuevo Teatro Crítico* y en 1896 conoció a Émile Zola, Alphonse Daudet y los hermanos Goncourt. Además tuvo una importante actividad política como consejera de Instrucción Pública y activista feminista.

Desde 1916 hasta su muerte el 12 de mayo de 1921, fue profesora de Literaturas románicas en la Universidad de Madrid.

La niña mártir

No se trata de alguna de esas criaturas cuyas desdichas alborotan de repente a la prensa; de esas que recoge la policía en las calles a las altas horas de la noche, vestidas de andrajos, escuálidas de hambre, ateridas de frío, acardenaladas y tundidas a golpes, o dilaceradas por el hierro candente que aplicó a sus tiernas carnecitas sañuda madrastra.

La mártir de que voy a hablaros tuvo la ropa blanca por docenas de docenas, bordada, marcada con corona y cifra, orlada de espuma de Valenciennes auténtico; de Inglaterra le enviaban en enormes cajas, los vestidos, los abrigos y las tocas; en su mesa abundaban platos nutritivos, vinos selectos; el frío la encontraba acolchada de pieles y edredones; diariamente lavaba su cuerpo con jabones finísimos y aguas fragantes, una chambermaid británica.

En invierno habitaba un palacete forrado de tapices, sembrado de estufas y caloríferos; en verano, una quinta a orillas del mar, con jardines, bosques, vergeles, alamedas de árboles centenarios y diosas de mármol que se inclinan parar mirarse en la superficie de los estanques al través del velo de hojas de ninfea...

Si quería salir, preparado estaba en todo tiempo el landó o el sociable; si prefería solazarse en casa, le abrían un armario atestado de juguetes raros, y salían de él, como salen de una viva imaginación los cuentos, seres maravillosos, creaciones de la magia moderna: el jockey vestido de raso azul y botón de oro, con su caballo que galopa de veras y salta zanjas; la muñeca que mueve la cabeza, y abre los ojos, y llama a sus papás con mimoso quejido infantil; la otra muñeca bailarina que, asiendo un aro de flores, gira, revolotea, se columpia, danza y repica con los pies y, por último, saluda al público, enviándole un beso volado; el cochecillo eléctrico, el acróbata, el mono violinista, el ruiseñor mecánico, que gorjea, sacude la cabeza y eriza las plumas; todos los autómatas, todos los remedos, todos los fantoches de la vida, que a tanto alto precio se compran para entretener a los hijos de padres acaudalados.

Pues no obstante, yo os digo que la niña de mi cuento era mártir, y que mártir murió, y que después de muerta, su cara, entre los pliegues del velo de muselina, mostraba más acentuada que nunca la expresión melancólica y grave, tan sorprendente en una criatura de diez años, adorada y criada entre algodones.

Mártir, creedlo; tan mártir como las abandonadas que en las noches de enero se acurrucan tiritando en el umbral de una puerta. La vida es así; para todos tienen destinado su trago de ajenjo; solo que a unos se lo sirve en copa de oro cincelada, y a otros en el hueco de la mano. El dolor es eternamente fecundo; unas veces da a luz en sábanas de holanda, y otras, sobre las guijas del arroyo.

Hija de padres machuchos, que contaban perdida toda esperanza de sucesión; única heredera de ilustre nombre y de pingües haciendas, la niña fue desde sus primeros años víctima de sus propios brillantes destinos. Pendientes de sus más leves movimientos, espiando su respiración, contando los latidos de su corazoncillo inocente, los dos cincuentones la criaron como se creía en el invernáculo la flor rara, predestinada a sucumbir al primer cierzo. Un médico, que bien podemos llamar de cámara, tenía especial encargo de llevar el alta y baja de las funciones fisiológicas de la criatura. Se apuntaban las chupadas de leche que pasaban del seno del ama a la boquita de la nena. Un reloj puntualísimo marcaba por minutos el sueño, el despertar, las horas de comer, la del aseo, la del paseo. Un termómetro graduaba el temple del agua de las abluciones; fina balanza pesaba el alimento y las ropas, según las prescripciones y órdenes minuciosas del doctor. Cuando vino la crisis de la dentición, y con ella el desasosiego, la impaciencia, la casa se convirtió en una Trapa: nadie alzaba la voz; nadie pisaba fuerte por no sobresaltar a la niña, por no quitarle el sueño.

El régimen pareció higiénico y se hizo permanente ya. Diríase que aquella morada sordomuda era una capilla erigida al dios del silencio; y la niña, con la singular adivinación que a veces demuestra la infancia, comprendiendo que allí los ruidos no tendrían eco, ni eco las risas, fue, desde que rompió a andar, calladita, formal, obediente, seria... tan seria y tan obediente, que daba una lástima terrible.

Hubo un terreno en que no pudo ser tan dócil. Desplegando la mejor voluntad, la niña no lograba sacar buen color, el color de manzana sanjuanera que alegra a las madres. Su tez de seda, satinada y transparente por la clorosis, se jaspeaba con venitas celestes y a trechos con la suave amarillez del marfil. Sus ojos azules, de un azul oscuro, eran hondos, tranquilos y resignados. Su boca parecía una rosa desteñida, mustia ya.

Sea por el cuidado que habían puesto en que no sintiese nunca la menor impresión de frío, o sea por el mismo empobrecimiento de la sangre, era tan friolera, que en el rigor del verano, vestía de lana blanca, con polainas y guantes blancos también. Al verla pasar toda blanca, esbelta, derecha, despaciosa, grave, las ideas sanas y humorísticas que infunde la niñez cedían el paso a otras ideas fúnebres, de claustro y de mausoleo. No creáis que sus padres no advertían que la niña era una lamparita de ésas que apaga un soplo. Tanto lo advertían, que por eso mismo cada día calafateaban mejor las rendijas por donde pudiese deslizarse una ráfaga perturbadora. Así que blindasen, acolchasen y forrasen completamente la casa, no penetraría el hálito sutil de la muerte. Vengan algodones, vengan telas, vengan clavos; aislemos a la niña. ¡Ah! ¡Si la madre pudiese restituirla a la concavidad del claustro materno, y el padre al calor de las entrañas generadoras! ¡Si fuese dable meterla en la campana neumática, o alojarla en la máquina donde incuban los polluelos!

Por la ventana, entreabriendo los pesados cortinajes, la niña veía a veces jugar en la calle a los desharrapados granujas. Frescos, risueños, turbulentos, derramando vida, los chicos se embestían con una cabeza de toro hecha de mimbres, o se liaban a cachete limpio, o se santiguaban con peladillas. En la quinta, desde donde se dominaba la playa, granujas también, los hijos de los pescadores, que, desnudos, bronceados, ágiles y saltadores como peces y, en bandadas como ellos, se bañaban, permaneciendo horas enteras dentro del agua verdosa en que se zampuzaban a manera de delfines.

Por orden del médico, la niña se bañaba también. Le habían preparado una cómoda y ancha caseta; allí la desnudaban y, arropada en mil abrigos, la llevaban a los brazos del bañero, que la sepultaba un momento en el mar y la sacaba inmediatamente, recibida la impresión. Esta impresión era, por cierto, terrible. La sangre fluía al corazón de la criatura: trémula y con las pupilas dilatadas, miraba aquel infinito espantable, aquel abismo de agua verde y rugiente, la ola que avanzaba pavorosa, cóncava, cerrándose ya como para devorarla; y los dientes de la niña castañeteaban, y pensaba para sí: «Tengo miedo.» Pero ni un grito ni un suspiro la delataban. El voto de silencio no lo rompía ni aun entonces. Solo que después, al ver desde la ventana a los traviesos gateras en familiaridad con las terribles olas, jugueteando con ellas lo mismo que gaviotas, pensaba la niña mártir: «¿Cómo harán para ser tan valientes esos chicos?»

Entre tanto, la Muerte, riéndose con siniestra risa de calavera, se acercaba a la señorial y cerrada mansión. Es de saber que no encontró ni puerta por donde pasar, ni siquiera por donde colarse, y hubo de entrar, aplanándose, por debajo de una teja, a la buhardilla; de allí, por el ojo de la llave, pasar a la escalera, y desde la escalera, enhebrarse por debajo de la levita del médico, que se metió casa adentro muy impávido, con la Muerte guardadita en el bolsillo, detrás de la fosforera.

A causa de tantas dificultades como encontró para insinuarse en la casa de la niña, la Muerte quedó algo quebrantada, y no se presentó con empuje y arresto, sino con mansedumbre hipócrita, tardando bastante en llevarse a la criatura. El tiempo que aguardó la Muerte a tomar bríos fue para la mártir larga cuestión de tormento.

Drogas asquerosas, pócimas nauseabundas por la boca, papeles epispásticos y vejigatorios sobre la piel; cauterio para las llagas que abría en su garganta la miseria de su organismo; todo se empleó, sin que rompiese el voto del silencio la víctima, y sin que sus verdugos atendiesen la súplica de sus vidriados ojos..., porque aquellos verdugos la idolatraban demasiado para perdonarle ni un detalle del suplicio. Solo en el último instante, cuando todavía le presentaban una cucharada de no sé qué mejunje farmacéutico, la niña suspiró hondamente, se incorporó, dijo que no tres veces con la cabeza y, echando los brazos al cuello de la insensata madre, pegando el rostro al suyo, murmuró muy bajo: «Abre la ventana, mamá.»

Era, sin duda, la congoja del postrer ataque de disnea que empezaba. Poco duró. Y la mártir quedó bonita, cándida, exangüe, pero con una expresión de amargura reconcentrada, como el que se va de la vida dejándose algo por hacer, por decir o por sentir; algo que era quizá la esencia de la vida misma.

En el ataúd forrado de raso, bajo las lilas blancas que la envolvían en aristocráticos aromas, los pobres despojos pedían justicia, se quejaban de un asesinato lento. Por ser la estación primaveral y la noche templada y por disipar el olor a cera y a difunto, los que velaban a la niña abrieron la ventana. Al entrar la bienhechora bocanada de aire libre, la carita demacrada pareció adquirir plácida expresión de reposo.

Tal vez no quería pasar sin orearse del encierro de su casa al encierro del nicho.
Nuevo Teatro Crítico, núm. 26, 1893.

El Cinco de Copas

Agustín estudiaba Derecho en una de esas ciudades de la España vieja, donde las piedras mohosas balbucean palabras truncadas y los santos de palo viven en sus hornacinas con vida fantástica, extramundanal. A más de estudiante, era Agustín poeta; componía muy lindos versos, con marcado sabor de romanticismo; tenía momentos en que se cansaba de bohemia escolar, de cenas a las altas horas en La flor de los campos de Cariñena, apurando botellas y rompiendo vasos; de malgastar el tuétano de sus huesos en brazos de dos o tres ninfas nada mitológicas, de leer y de dormir; y como si su alma, asfixiada en tan amargas olas, quisiese salir del piélago y respirar aire bienhechor, entraba en las iglesias y se paraba absorto ante los ricos altares, complaciéndose en los primores de la talla y las bellezas de la escultura, y sintiendo esa especial nostalgia reveladora de que el espíritu oculta aspiraciones no satisfechas y busca algo sin darse cuenta de lo que es.

Entre las iglesias a que Agustín se sentía más atraído, había dos adonde le llamaban no solo la nostalgia consabida, sino —fuerza es decirlo— otros móviles asaz profanos. Era la una soberbia basílica en que el arte del Renacimiento había agotado sus esplendores, y en ella, destacándose sobre el fondo de la luz de ancha ventana, se admiraba la escultura de cierta Magdalena bellísima, vestida solo de un pedazo de estera y de sus ondeantes y regios cabellos. Al través de la crencha rubia y del grosero tejido, se adivinaban líneas de euritmia celestial. Agustín devoraba con ojos ávidos a la santa meretriz y se deshacía en afán de resucitarla. En el otro templo predilecto de Agustín no había pecadoras bonitas, ni siquiera maravillas de arte; paredes casi desnudas, salpicadas por los sombríos lienzos del vía crucis; retablos humildes, una pila ancha, honda, llena de agua hasta el borde, y allá en el techo, en vez de emperifollada e historiada cúpula, un solo emblema pictórico, muy triste; sobre la fría blancura, cinco manchas de almazarrón, que recordaban a los distraídos cómo aquel templo pertenecía a una comunidad franciscana. Agustín llamaba a los chafarrinones bermejos el Cinco de Copas.

No podía acertar Agustín con la razón de sus visitas a la iglesia austera, desprovista de esa opulencia ornamental que fascina los sentidos. Quizá la soledad del convento, situado a un extremo de la población, al pie de una colina, en el repuesto Valceleste; quizá la misma silenciosa nave, donde retumbaba el ruido de los pasos; quizá las sugestivas figuras de los dos frailes, en oración a uno y otro lado del altar; quizá el oficio de difuntos, que ciertos días salmodiaba la comunidad de un modo tan profundo y extraño... Agustín, sin embargo, atribuía su interés por la escondida iglesia al Cinco de Copas embadurnado de almazarrón. Le inspiraba una especie de aversión atractiva. Irritábale lo grosero de la pintura, y, más que nada, sus denegridos y secos tonos. «Eso no ha sido sangre nunca. ¿En qué se parece eso a la sangre? ¡Vaya una manera de representar llagas! ¡Y qué frailes estos, que dejan ahí en el techo ese naipe ordinario y no lo borran siquiera por decoro!» Algunas veces el estudiante se llevaba a Valceleste a sus compañeros de aula y también de jarana y francachela, y, apoyados en la pila del agua bendita, no sin prodigar carantoñas a las devotas vejezuelas que entraban persignándose, hacían chacota del Cinco de Copas, celebrando la ocurrencia de quien tan oportuna y gráficamente lo bautizara.

De pronto, un interés nuevo y avasallador llenó la vida de Agustín. Había llegado al pueblo, estableciéndose en él, una familia que el estudiante conocía casualmente, relación de temporada de balneario; y como entrase a visitarlos algo temprano, antes de la hora de comer, tropezóse en el pasillo con la hija mayor, Rosario, de quince años, que salía de su cuarto, suelto el pelo y en ligerísimo traje. Chilló y huyó la niña; quedóse el estudiante confuso, pero la imagen apenas entrevista, el rielar del flotante pelo rubio sobre las carnes de nácar, le persiguió como visión de la fiebre, mezclando en su desenfrenada imaginación la inerte escultura de la Magdalena y la escultura viva de la doncella.

Del matrimonio pensaba horrores Agustín; constábale, además, que en muchos años no tenía probabilidad racional de sostener una familia; y aunque asomos de innata honradez le decían que era infame perder a la hija de unos amigos confiados y afectuosos, el mal deseo pudo más. Miradas, sonrisas, paseos por la calle, encuentros en la catedral, palabras de miel, cartas abrasadoras... No tanto se requería para vencer a la criatura inexperta, que ignoraba toda la extensión del mal. Al cabo de cuatro meses de asedio, Rosario otorgó la peligrosa cita. Sus padres salían del pueblo, a una aldeíta próxima; ella se quedaba sola, veinticuatro horas lo menos, con la vetusta y sorda criada; todo dispuesto a maravilla, como por el gran galeoto Lucifer.

Al recibir el aviso, Agustín sufrió un acceso de alegría insana; sus nervios se cargaron de electricidad, y sintióse poseído de tal necesidad de correr, gesticular y pegar brincos, que parecía loco. Faltaba una semana aún, y la enervante espera le sacaba de quicio. Llevaba cinco noches sin dormir y cinco días en que, rehusando el alimento sano y sencillo, le sostenían algunas copas de coñac. Cuando solo una tarde y una noche le separaban del instante supremo, resolvió dar largo paseo, a fin de que el ejercicio violento le permitiese dormir de víspera, por no caer malo y desperdiciar la ocasión.

Salió del pueblo, subió carretera arriba, respirando con deleite la frescura de la tarde, el olor de los pinares y de los prados, y dando un gran rodeo a campo traviesa alcanzó la senda que guiaba a lo alto de la colina, bajo la cual descansan Valceleste y el convento. Al llegar a la cruz del Humilladero, desde donde los peregrinos, cara contra el polvo, saludaban a la santa ciudad, Agustín sintió que le rendía la fatiga, y sentándose en las gradas durmió. ¿Cuánto tiempo? ¿Media hora? Tal vez más; porque cuando despertó, el Sol ya quería transponer las violadas crestas del monte.

Su primer pensamiento, al recordar, no fue para Rosario ni para las esperadas venturas, sino para el Cinco de Copas.

«¡Cuánto tiempo hace que no veo aquel mamarracho!», dijo entre sí el mozo, riendo en alto y registrando con la vista, allá en el fondo de Valceleste, el convento, el claustro, la huerta, las torres de la iglesia, que ya empezaban a anegarse en las sombras del crepúsculo. Casi al mismo tiempo que se acordaba de los rojos brochazos, sintió levísimo roce de pisadas, y un fraile, calada la capucha, sepultadas en las mangas ambas manos, cruzó por delante de él. Nada tenía de extraño que pasase un fraile a tales horas; sin duda, por ser la de la queda, regresaba a Valceleste; y, con todo, el estudiante percibió esa sensación súbita que no puede definirse y que es preludio del miedo. Antes de salvar el recodo de la senda, volvióse el fraile, y su cara puntiaguda, exangüe, sumida, chupada, momia, surgió de la capilla; sus pupilas cóncavas y ardientes se clavaron en Agustín y, sacando de la manga una pálida mano, hízole una seña... El estudiante se estremeció, pero al punto saltó del asiento de piedra.

«¡Bueno, y qué! Un fraile que me saluda... La cosa no tiene nada de particular... He de saber quién es, o no me llamo Agustín.»

Bajó precipitadamente la agria cuesta; ya no se veía allí rastro de fraile. No obstante, al acercarse al atrio, parecióle a Agustín que le veía entrar en el templo. «Irá a rezarle al Cinco de Copas. Allá voy yo también, y si el fraile flaco me habla, le digo que borren semejante adefesio.»

El templo estaba completamente vacío y casi oscuro; Agustín alzó la mirada hacia la cúpula, y apenas distinguió los cinco brochazos, confusos y lívidos. La idea fija de toda la semana remaneció entonces, al disiparse la vaga impresión de temor causada por la aparición frailesca. Mientras echaba atrás la cabeza para ver el famoso naipe. Agustín, súbitamente, recordó con gran lucidez a Rosario, y su inocencia, y su frescura de azucena en capullo... Sus oídos zumbaron, secósele el paladar..., y apenas la voluptuosa imagen invadió sus sentidos, notó que, de pronto, los cinco redondeles del techo adquirían color sangriento, abriéndose y palpitando como los labios de una herida. De su vivo seno fluían líquidas gotas, que empezaron a caer lentamente, con centelleo de rubíes, y que salpicaron el suelo todo alrededor del estudiante.

—¡Ahora veo que son verdaderas llagas! —gimió Agustín sin poder bajar las pupilas.

Una gota más gruesa, roja, resplandeciente, descendía de la llaga central, y despaciosa, pesada como plomo, vino a rebotar sobre la frente del estudiante...

• • •

Hace bastantes años que viste el sayal, habiéndose dejado en el mundo, para que otros los recojan, versos, devaneos, libros de Strauss y Buchner, naipes y risas. Alguna vez, en la portería de Valceleste, le he preguntado, a fin de animarle y ver qué contesta:

—Padre, ¿se acuerda del Cinco de Copas?

Nuevo Teatro Crítico, núm. 26, 1893.

Náufragas

Era la hora en que las grandes capitales adquieren misteriosa belleza. La jornada del trabajo y de la actividad ha concluido; los transeúntes van despacio por las calles, que el riego de la tarde ha refrescado y ya no encharca. Las luces abren sus ojos claros, pero no es aún de noche; el fresa con tonos amatista del crepúsculo envuelve en neblina sonrosada, transparente y ardorosa las perspectivas monumentales, el final de las grandes vías que el arbolado guarnece de guirnaldas verdes, pálidas al anochecer. La fragancia de las acacias en flor se derrama, sugiriendo ensueños de languidez, de ilusión deliciosa. Oprime, un poco el corazón, pero lo exalta. Los coches cruzan más raudos, porque los caballos agradecen el frescor de la puesta del Sol. Las mujeres que los ocupan parecen más guapas, reclinadas, tranquilas, esfumadas las facciones por la penumbra o realzadas al entrar en el círculo de claridad de un farol, de una tienda elegante.

Las floristas pasan... Ofrecen su mercancía, y dan gratuitamente lo mejor de ella, el perfume, el color, el regalo de los sentidos.

Ante la tentación floral, las mujeres hacen un movimiento elocuente de codicia, y si son tan pobres que no pueden contentar el capricho, de pena...

Y esto sucedió a las náufragas, perdidas en el mar madrileño, anegadas casi, con la vista alzada al cielo, con la sensación de caer al abismo... Madre e hija llevaban un mes largo de residencia en Madrid y vestían aún el luto del padre, que no les había dejado ni para comprarlo. Deudas, eso sí.

¿Cómo podía ser que un hombre sin vicios, tan trabajador, tan de su casa, legase ruina a los suyos? ¡Ah! El inteligente farmacéutico, establecido en una población, se había empeñado en pagar tributo a la ciencia.

No contento con montar una botica según los últimos adelantos, la surtió de medicamentos raros y costosos: quería que nada de lo reciente faltase allí; quería estar a la última palabra... «¡Qué sofoco si don Opropio, el médico, recetase alguna medicina de estas de ahora y no la encontrasen en mi establecimiento! ¡Y qué responsabilidad si, por no tener a mano el específico, el enfermo empeora o se muere!»

Y vino todo el formulario alemán y francés, todo, a la humilde botica lugareña... Y fue el desastre. Ni don Opropio recetó tales primores, ni los del pueblo los hubiesen comprado... Se diría que las enfermedades guardan estrecha relación con el ambiente, y que en los lugares solo se padecen males curables con friegas, flor de malva, sanguijuelas y bizmas. Habladle a un paleto de que se le ha «desmineralizado la sangre» o de que se le han «endurecido las arterias», y, sobre todo, proponedle el radio, más caro que el oro y la pedrería... No puede ser; hay enfermedades de primera y de tercera, padecimientos de ricos y de pobretes... Y el boticario se murió de la más vulgar ictericia, al verse arruinado, sin que le valiesen sus remedios novísimos, dejando en la miseria a una mujer y dos criaturas... La botica y los medicamentos apenas saldaron los créditos pendientes, y las náufragas, en parte humilladas por el desastre y en parte soliviantadas por ideas fantásticas, con el producto de la venta de su modesto ajuar casero, se trasladaron a la corte...

Los primeros días anduvieron embobadas. ¡Qué Madrid, qué magnificencia! ¡Qué grandeza, cuánto señorío! El dinero en Madrid debe de ser muy fácil de ganar... ¡Tanta tienda! ¡Tanto coche! ¡Tanto café! ¡Tanto teatro! ¡Tanto rumbo! Aquí nadie se morirá de hambre; aquí todo el mundo encontrará colocación... No será cuestión sino de abrir la boca y decir: «A esto he resuelto dedicarme, sépase... A ver, tanto quiero ganar...»

Ellas tenían su combinación muy bien arreglada, muy sencilla. La madre entraría en una casa formal, decente, de señores verdaderos, para ejercer las funciones de ama de llaves, propias de una persona seria y «de respeto»; porque, eso sí, todo antes que perder la dignidad de gente nacida en pañales limpios, de familia «distinguida», de médicos y farmacéuticos, que no son gañanes... La hija mayor se pondría también a servir, pero entendámonos; donde la trataran como corresponde a una señorita de educación, donde no corriese ningún peligro su honra, y donde hasta, si a mano viene, sus amas la mirasen como a una amiga y estuviesen con ella mano a mano... ¿Quién sabe? Si daba con buenas almas, sería una hija más... Regularmente no la pondrían a comer con los otros sirvientes... Comería aparte, en su mesita muy limpia... En cuanto a la hija menor, de diez años, ¡bah! Nada más natural; la meterían en uno de esos colegios gratuitos que hay, donde las educan muy bien y no cuestan a los padres un céntimo... ¡Ya lo creo! Todo esto lo traían discurrido desde el punto en que emprendieron el viaje a la corte...

Sintieron gran sorpresa al notar que las cosas no iban tan rodadas... No solo no iban rodadas, sino que, ¡ay!, parecían embrollarse, embrollarse pícaramente... Al principio, dos o tres amigos del padre prometieron ocuparse, recomendar... Al recordarles el ofrecimiento, respondieron con moratorias, con vagas palabras alarmantes... «Es muy difícil... Es el demonio... No se encuentran casas a propósito... Lo de esos colegios anda muy buscado... No hay ni trabajo para fuera... Todo está malo... Madrid se ha puesto imposible...»

Aquellos amigos —aquellos conocidos indiferentes— tenían, naturalmente, sus asuntos, que les importaban sobre los ajenos... Y después, ¡vaya usted a colocar a tres hembras que quieren acomodo bueno, amos formales, piñones mondados! Dos lugareñas, que no han servido nunca... Muy honradas, sí...; pero con toda honradez, ¿qué?, vale más tener gracia, saber desenredarse...

Uno de los amigos preguntó a la mamá, al descuido:

—¿No sabe la niña alguna cancioncilla? ¿No baila? ¿No toca la guitarra?

Y como la madre se escandalizase, advirtió:

—No se asuste, doña María... A veces, en los pueblos, las muchachas aprenden de estas cosas... Los barberos son profesores. Conocí yo a uno...

Transcurrida otra semana, el mismo amigo —droguero por más señas— vino a ver a las dos ya atribuladas mujeres en su trasconejada casa de huéspedes, donde empezaban a atrasarse lamentablemente en el pago de la fementida cama y del cocido chirle... Y previos bastantes circunloquios, les dio la noticia de que había una colocación. Sí, lo que se dice una colocación para la muchacha.

—No crean ustedes que es de despreciar, al contrario... Muy buena... Muchas propinas. Tal vez un duro diario de propinas, o más... Si la niña se esmera..., más, de fijo. Únicamente..., no sé... si ustedes... Tal vez prefieren otra clase de servicio, ¿eh? Lo que ocurre es que ese otro... no se encuentra. En las casas dicen: «Queremos una chica ya fogueada. No nos gusta domar potros.» Y aquí puede foguearse. Puede...

—Y ¿qué colocación es esa? —preguntaron con igual afán madre e hija.

—Es..., es... frente a mi establecimiento... En la famosa cervecería. Un servicio que apenas es servicio... Todo lo que hacen mujeres. Allí vería yo a la niña con frecuencia, porque voy por las tardes a entretener un rato. Hay música, hay cante... Es precioso.

Las náufragas se miraron... Casi comprendían.

—Muchas gracias... Mi niña... no sirve para eso —protestó el burgués recato de la madre.
—No, no; cualquier cosa; pero eso, no —declaró a su vez la muchacha, encendida.
Se separaron. Era la hora deliciosa del anochecer. Llevaban los ojos como puños. Madrid les parecía —con su lujo, con su radiante alegría de primavera— un desierto cruel, una soledad donde las fieras rondan. Tropezarse con la florista animó por un instante el rostro enflaquecido de la joven lugareña.
—¡Mamá!, ¡rosas! —exclamó en un impulso infantil.
—¡Tuviéramos pan para tu hermanita! —sollozó casi la madre.
Y callaron... Agachando la cabeza, se recogieron a su mezquino hostal.
Una escena las aguardaba. La patrona no era lo que se dice una mujer sin entrañas: al principio había tenido paciencia. Se interesaba por las enlutadas, por la niña, dulce y cariñosa, que, siempre esperando el «colegio gratuito», no se desdeñaba de ayudar en la cocina fregando platos, rompiéndolos y cepillando la ropa de los huéspedes que pagaban al contado. Solo que todo tiene su límite, y tres bocas son muchas bocas para mantenidas, manténganse como se mantengan. Doña Marciala, la patrona, no era tampoco Rotchschild para seguir a ciegas los impulsos de su buen corazón. Al ver llegar a las lugareñas e instalarse ante la mesa, esperando el menguado cocido y la sopa de fideos, despachó a la fámula con un recado:
—Dice doña Marciala que hagan el favor de ir a su cuarto.
—¿Qué ocurre?
—No sé...
Ocurría que «aquello no podía continuar así»; que o daban, por lo menos, algo a cuenta, o valía más, «hijas mías», despejar... Ella, aquel día precisamente, tenía que pagar al panadero, al ultramarino. ¡No se había visto en mala sofocación por la mañana! Dos tíos brutos, unos animales, alzando la voz y escupiendo palabrotas en la antesala, amenazando embargar los muebles si no se les daba su dinero, poniéndola de tramposa que no había por dónde agarrarla a ella, doña Marciala Galcerán, una señora de toda la vida. «Hijas», era preciso hacerse cargo. El que vive de un trabajo diario no puede dar de comer a los demás; bastante hará si come él. Los tiempos están terribles. Y lo sentía mucho, lo sentía en el alma...; pero se había concluido. No se les podía

23

adelantar más. Aquella noche, bueno, no se dijera, tendrían su cena...; pero al otro día, o pagar siquiera algo, o buscar otro hospedaje...

Hubo lágrimas, lamentos, un conato de síncope en la chica mayor... Las náufragas se veían navegando por las calles, sin techo, sin pan. El recurso fue llevar a la prendería los restos del pasado: reloj de oro del padre, unas alhajuelas de la madre. El importe a doña Marciala..., y aún quedaban debiendo.

—Hijas, bueno, algo es algo... Por quince días no las apuro... He pagado a esos zulúes... Pero vayan pensando en remediarse, porque si no... Qué quieren ustés, este Madrid está por las nubes...

Y echaron a trotar, a llamar a puertas cerradas, que no se abrieron, a leer anuncios, a ofrecerse hasta a las señoras que pasaban, preguntándoles en tono insinuante y humilde:

—¿No sabe usted una casa donde necesiten servicio? Pero servicio especial, una persona decente, que ha estado en buena posición..., para ama de llaves... o para acompañar señoritas...

Encogimiento de hombros, vagos murmurios, distraída petición de señas y hasta repulsas duras, secas, despreciativas... Las náufragas se miraron. La hija agachaba la cabeza. Un mismo pensamiento se ocultaba. Una complicidad, sordamente, las unía. Era visto que ser honrado, muy honrado, no vale de nada. Si su padre, Dios le tuviere en descanso, hubiera sido como otros..., no se verían ellas así, entre olas, hundiéndose hasta el cuello ya...

Una tarde pasaron por delante de la droguería. ¡Debía tener peto el droguero! ¡Quién como él!

—¿Por qué no entramos? —arriesgó la madre.

—Vamos a ver... Si nos vuelve a hablar de la colocación... —balbució la hija. Y, con un gesto doloroso, añadió:

—En todas partes se puede ser buena...

Blanco y Negro, núm. 946, 1909.

Las dos vengadoras
Al conde León Tolstoi

Había un hombre muy perseguido, no tanto por la suerte como por los demás hombres, sus prójimos y, especialmente, por los que debieran profesarle cariño y tenerle ley. No parecía sino que, por negra fatalidad, a Zenón —que así se llamaba— toda la miel se le volvía hiel o mejor dicho, ponzoña. Sus hermanos, que eran dos, se concertaron para despojarle de la herencia paterna y le dejaron en la calle, sin más ropa que la puesta, sin techo ni lumbre. Casóse, y su mejor amigo le afrentó públicamente con su mujer y, como si no bastase, la vil pareja le acusó de falsario, forjó pruebas contra él y logró que le sentenciasen a presidio, donde, inocente, arrastró largo tiempo el grillete de los criminales.

Aunque Zenón tenía al principio el alma abierta y generosa, el carácter noble y suma bondad, las traiciones, persecuciones y calumnias, el deshonor, los ultrajes y los desengaños fueron ulcerando su espíritu y cambiando su ser de tal manera que, en vez de resignarse y perdonar, como perdonó el Maestro, sintió poco a poco crecer en su corazón un espantable deseo, una sed ardentísima de venganza. Ya no ansiaba cumplir el tiempo de su condena por ser libre y volver a la sociedad, sino por buscar ocasión de saciar la ira que, gota a gota, había ido destilando. Pasábase las noches en vela fraguando planes que ejecutaría al punto de terminarse su cautiverio. Con paciencia, hilo a hilo, iba tejiendo la trama, y restregándose las manos gozoso, decía para sí: «Hoy salgo y mañana vuelvo a la prisión, pero de esta vez vuelvo por algo, por haber pagado a mis enemigos con usura el mal que me hicieron. Inocente me encerraron aquí, y otra vez me encerrarán culpable, pero habiendo saboreado las delicias del desquite. Véngueme yo, y álcese el patíbulo después.»

Cumplió Zenón su tiempo y salió de las cárceles, resuelto a poner por obra sus airados propósitos. Lo primero que determinó fue pegar fuego a la casa solariega que le pertenecía y de donde sus hermanos le habían expulsado con dolo. Aprovecharía las sombras de la noche y, disfrazado de pordiosero, oculto en un cobertizo, esperaría a que todos se entregasen al descanso, obstruiría bien las cerraduras de puertas y ventanas, y cuando estuviesen en el descuido del primer sueño, prendería las virutas impregnadas de resina, a fin de que todo ardiese como yesca. Así que las llamas subiesen muy altas y los clamores de los encerrados fuesen extinguiéndose —lo cual probaría que ya los tenía asfixiados el humo—, Zenón huiría, yendo a introducirse secretamente en su propia casa, donde la falsa mujer y el mal amigo estarían juntos. Zenón conocía bien las entradas y salidas y podía deslizarse y esconderse sin ser observado de nadie. Compró un puñal, porque a éstos deseaba verlos morir y saborear las convulsiones de su agonía.

Así que se puso el Sol, vistió sus ropas de mendigo y, apoyado en un palo, tomó el camino de la casa que pensaba incendiar. Caminaba como el Destino, entre tinieblas más densas cada vez, cuando a una revuelta de la carretera advirtió cierta claridad misteriosa que alumbraba vivamente el paisaje, y se le aparecieron, juntas y cogidas de la mano, dos mujeres que formaban singular contraste.

Una era amarilla, escuálida, tan escuálida que los huesos se entreparecían bajo la seca piel; tenía palmas de esqueleto, y al través de los polvorientos crespones negros que la cubrían, se notaba que carecía de seno y de toda redondez femenil; con la mano derecha empuñaba y esgrimía reluciente hoz. La otra mujer era lozana, mórbida, colorada, blanca y de un rubio encendido los cabellos; vestía gasas de mil colores: rojo, verde, rosa, azul, aunque pegada al cuerpo llevaba una túnica negrísima. Zenón miraba a las dos apariciones, como preguntando qué le querían, hasta que ambas dijeron a una voz:

—Somos las Vengadoras y nos presentamos para que elijas, entre las dos, la que creas más eficaz.

—Yo —añadió la mujer escuálida— me llamo Muerte, y soy por ahora tu preferida. Has apelado a mí para vengarte de tus enemigos, y tienes resuelto carbonizar a los unos y coser a puñadas a los otros. Heme aquí dispuesta a complacerte sin tardanza; así como así, poco trabajo me cuesta darte gusto, porque es cuestión de adelantar los sucesos: año arriba o abajo, tus enemigos no podrán librarse de esta hoz que empuño.

—Escucha —intervino la lozana mujer—: antes de que te entregues a mi hermana, que te engatusará por lo sencillo y expeditivo de los recursos que emplea, atiéndeme a mí, y de seguro que yo seré la elegida. Para convencerte no necesito sino enseñarte los cuadros de mi linterna mágica. Abre los ojos y mira bien.

Zenón miró, y sobre el fondo blanco del paño que extendía la mujer hermosa, vio agitarse las siluetas de sus aborrecidos hermanos. El menor echaba a hurtadillas una pulgarada de polvos blancos en la taza del mayor, y el mayor, después de haber bebido lo que contenía la taza caía al suelo entre horrendas convulsiones; pero no moría; arrastrábase largo tiempo apoyado en un báculo, y en cada plato que le servía el menor, mezclaba nuevo tósigo, hasta que el envenenado se iba quedando imbécil, reducido a la idiotez y abandonado de todos y cubierto de miseria expiraba en un rincón. Así que moría, su espectro comenzaba a aparecerse en sueños al culpable, a quien Zenón veía erguirse en la cama, trémulo, con el pelo erizado y los ojos fuera de las órbitas. Cambió de personajes la linterna, y se destacaron las siluetas de la esposa y del amigo de Zenón: ella siguiendo a su querido como la sombra al cuerpo, abrasaba en celos rabiosos; él procurando huir, lleno de hastío, de aquella amante ya marchita por la edad y las pasiones. Escondíase él, o se pasaba el día en casa de otras mujeres, y ella lloraba, y sus lágrimas eran como gotas de fuego que abrasaban el paño donde caían. Ya cansado de que le espiasen y le acusasen, él se volvió y Zenón fue testigo de cómo el seductor de su mujer le ponía en el rostro la mano...

—Esta será mi obra —pronunció la Vida solemnemente— si no se atraviesa mi hermana y me apaga la linterna. Ahora, tú dirás, Zenón, cuál de nosotras dos te conviene para Vengadora. ¿Sigues con el propósito de incendiar y acuchillar? ¿Quieres que te ayude la Muerte?

—No —respondió Zenón, que se limpió una lágrima—. Si la crueldad y el odio aún persistiesen en mí, lo que pediría a tu hermana sería que tardase muchos, muchos años en pasar el umbral de mis enemigos, y que te dejase a ti paso franco.

—Con tanta más razón —dijo irónicamente la Muerte, algo despechada, pues al fin es mujer, y no gusta de que la desairen— cuanto que yo, tarde o temprano, no he de faltar, y que en mi danza general todos harán mudanza, sin que les valgan excusas.

• • •

Zenón escribió a sus enemigos para advertirles que les perdonaba, y se retiró a un desierto, donde vive cultivando la tierra y sin querer ver rostro humano.

El Impacial, 29 de agosto de 1892.

La mariposa de pedrería
Érase que se era un mozo muy pobre, y vivía en una guardilla de las más angostas y desmanteladas de la gran capital. Los muebles del tugurio se reducían a dos sillas medio desfondadas, un catre con ratonado jergón, una mesilla mugrienta, un tintero roñoso y un anafre comido de orín. El mozo —a quien llamaré Lupercio— cubría sus carnes con traje sutil de puro raído y capa ya transparente. Las botas, entreabiertas; por ropa blanca, cuatro andrajos de lienzo; por corbata, un pingo. Así es que Lupercio sufría grandes fatigas y rubores, y cuando al salir a la calle para comprar un panecillo o diez céntimos de leche se cruzaba con alguna niña bonita, limpia y bien puesta, ardiente oleada de fuego le subía al rostro.

Para evitar el bochorno de que las mujeres se fijasen en su pergeño, solo salía al anochecer, cuando es más fácil pasar inadvertido entre la gente que por las calles se codea y empuja. Entonces Lupercio, llevado por la marejada del gentío, veía y hasta rozaba cuerpos gallardos, recibía el rayo de fulgurantes pupilas, sentía el roce eléctrico de la seda crujidora y aspiraba bocanadas de finas esencias. Sus ojos ávidos seguían al tren de lujo, maceta de donde emergen, blandamente columpiadas, aristocráticas flores. Detrás de los vidrios de las tiendas alzábanse pirámides de botellas de vinos generosos, y la luz se filtraba al través de su vientre con reflejos de oro y de sangre. Otros escaparates presentaban el libro nuevo, gentil, de lustrosa cubierta, o el rancio infolio, clave del pasado. Y Lupercio temblaba de fiebre, de ansia de amar, de gozar, de aprender, de vivir.

Una noche subió a su guardilleja más calenturiento que nunca. Encendió mortecina lámpara, abrió la ventana para que el tabuco se ventilase y, dejando caer la cabeza sobre la mano, poco tardó en rezumar por entre sus dedos lágrima abrasadora. Alzó la frente, miró al anafre y se le ocurrió que en él estaba el remedio de cuantos males hay en el mundo. Estas cosas, lector amigo, de cien veces que se piensen, dígote en verdad que no se hacen una. Lupercio, que realmente estaba triste, triste hasta morir, de pronto cogió la pluma, la sepultó en el roñoso tintero, la paseó sobre un fragmento de papel... y salieron renglones desiguales, los primeros que había compuesto nunca. Cuando terminó la composición, o lo que fuese, el mozo vio, a la luz de la mortecina lámpara, posado sobre su tintero, un insecto extraño, fúlgido, deslumbrador: una mariposa de pedrería.

Su abdomen era de una perla oriental: de esmeraldas su corselete; sus alas de rubíes y brillantes, y al remate de sus antenas temblaban, como gotas de rocío, dos cristalinos solitarios de incomparable pureza. Lo más encantador de la mariposa es que, siendo de pedrería, estaba viva, pues al tender Lupercio la mano para cogerla, voló la mariposa y fue a posarse más lejos, a la orilla de la mesa. El mozo se quedó sobrecogido; si se empeñaba en cogerla, de fijo que la mariposa huiría por la ventana abierta. Renunciando a perseguir al resplandeciente insecto, Lupercio se contentó con admirarlo.

La mariposa tenía, sin duda alguna, luz propia, porque apartada de la escasa de la lámpara, centelleaba más, proyectando irisados reflejos sobre toda la guardilla. Y es el caso que, a la claridad emanada de la mariposa, así se transformaba la vivienda de Lupercio, que no la conocería nadie. Invisibles tapiceros revistieran las paredes de telas, cuadros, espejos y colgaduras; del techo pendían arañas de veneciano vidrio y cubría el suelo alfombra turquesca de tres dedos de gordo. ¡Qué metamorfosis! En las Gorgonas de Murano se deshojaban rosas: sobre un velador árabe tentaban el apetito frutas, dulces y refrescos; blancas melodías de laúd acariciaban el aire y, abriéndose sutilmente la puerta, una mujer, digo mal, una diosa, envuelta en gasas tenues y sin más tocado que las rubias hebras de febeo cabello, se adelantó, tomó del velador una granada entreabierta, reventando en granos de púrpura, y se la ofreció a Lupercio con lánguida sonrisa... Todo este misterio duró hasta que la mariposa, desde el borde de la ventana, alzó su vuelo, perdiéndose en la oscuridad de la noche.

Aunque al volar la mariposa de pedrería la guardilleja volvió a su prístina y natural fealdad, miseria y desaliño, desde aquel día Lupercio no pensó en la muerte. Tenía un interés, una esperanza: que repitiese su visita la encantada bestezuela. Y la repitió, en efecto, al conjuro de la pluma mojada en tinta y los renglones desiguales. Volvió la mariposa, y esta vez convirtió la guardilla en jardín tropical, poblado de naranjos y palmeras, donde vírgenes africanas ofrecían a Lupercio agua fría en ánforas rojas estriadas de plata y azul. Así que se habituó a responder al conjuro, la mariposa fue transformando la mansión de Lupercio, ya en gruta oceánica, con náyades, corales y espumas, ya en bahía polar que alumbra boreal aurora, ya en patio de la Alhambra, con arrayanes y fuentes de mármol, donde se leen versículos del Corán; ya en camarín gótico, dorado como un relicario...

Mientras tanto, un periódico imprimía los versos de Lupercio —porque versos eran, ya es hora de confesarlo— y, poco a poco, los fue conociendo, estimando y luego admirando el público. Tras la admiración y el aplauso del público vino la envidia de los rivales, la curiosidad de los poderosos y la protección de algunos más inteligentes; con la protección, un poco de bienestar; luego, algo que pudiera llamarse desahogo y, por último, una serie de felices circunstancias —herencia, lotería, negocios—, la riqueza. Lupercio vivió, amó, gozó, rodó en carruaje al lado de pulcras damiselas, con trajes de seda de eléctrico roce..., y no necesito decir que, impulsado por el aura de la fortuna, fue bajando, primero de su guardilla al piso segundo; después, del segundo al primero, hasta que resolvió construir para su residencia un lindo palacio, a orillas del mar, en Italia. Había en él jardines, salones, tapicerías, brocados, alfombras, objetos de arte; en suma, cuanto pudo soñar Lupercio en la guardilla de los años juveniles.

Sin embargo, su mujer, sus hijos, sus amigos, sus criados, le veían cabizbajo, abatido, deshecho y notaban que, de día en día, se iba agriando su carácter, y ennegreciéndose su humor, y rebosando en él tedio y hastío. Nadie se explicaba el cambio, porque nadie sabía que la mariposa de piedras, la maga de la guardilla, la que también había frecuentado el piso segundo y honrado alguna que otra vez el principal, no se dignaba apoyar sus patitas de esmalte en el reborde de las ventanas del palacio, abiertas siempre en verano como en invierno, para dejarle franca la entrada.

Lupercio se ponía de pechos en la rica balconada de mármol que dominaba el jardín, y desde la cual se divisaba la extensión del golfo de Nápoles y se oía el murmurio de sus aguas, y miraba a las estrellas por si de alguna iba a bajar la mariposa; pero las estrellas titilaban indiferentes y, de mariposa, ni rastro. Lupercio abría a centenares botellas de generosos vinos —de aquellos que en la mocedad le tentaban como un sueño irrealizable—, y en el fondo espumoso del cristal no dormía la mariposa tampoco. Lupercio comía granadas con algunas risueñas beldades muy aficionadas a la fruta, y tampoco en el seno de púrpura se ocultaba la mariposa maldita, la de las alas de rubíes...

¿Qué si había muerto? ¡Para morir estaba ella! Sabe, ¡oh lector!, que las mariposas de pedrería son inmortales. Solo que la tunanta no tenía ganas de perder el tiempo con gente machucha, y andaba transformando en palacio, jardín o edén otro domicilio modesto, donde un mozo soñador garrapateaba no sé si verso o prosa...

El Imparcial, 18 de julio de 1892.

El ruido
Camilo de Lelis había conseguido disfrutar la mayor parte de los bienes a que se aspira en el mundo y que suelen ambicionar los hombres. Dueño de saneado caudal, bien visto en sociedad por sus escogidas relaciones y aristocrática parentela, mimado de las damas, indicado ya para un puesto político, se reveló a los veintiséis años poeta selecto, de esos que riman contados perfectísimos renglones y con ellos se ganan la calurosa aprobación de los inteligentes, la admirativa efusión del vulgo y hasta el venenoso homenaje de la envidia. Sobre la cabeza privilegiada de Camilo derramó la celebridad su ungüento de nardo, y halagüeño murmullo acogió su nombre dondequiera que se pronunciaba. Abríase ante Camilo horizonte claro y extenso; la única nubecilla que en él se divisaba era tamaña como una lenteja. No obstante, el marino práctico la llamaría anuncio de tempestad.

Para comprender la trascendencia de la nubecilla, conviene saber que la originalidad literaria de Camilo consistía en una tan delicada, refinada y exquisita construcción del período, que las palabras, engarzadas como eslabones de primorosa cadena de esmalte, se realzaban unas a otras y hacían música como de agua corriente o de arpas estremecidas por el viento y que despiden sones aéreos, prolongados y dulcísimos. El efecto que las rimas de Camilo producían en el lector era el de una vibración lenta y profunda, suave y embelesadora. Diríase que los tales versos nacían hechos, ordenados, sin esfuerzo alguno por el instinto, como producto natural de la espontaneidad de un gran artista; más lejos de ser así, Camilo de Lelis, premioso, exigente consigo mismo e idólatra de la forma pura, desdeñando por ella la realidad, dedicaba, no solo a cada frase, sino a la elección de cada verbo, horas de reflexión, de trabajo mnemotécnico, repasando las palabras que más halagan el oído, buscando el adjetivo plástico que pone de manifiesto casi visiblemente la línea, el color y el relieve de los objetos, aunque no engendre el inefable y espiritual goce de sentir, pensar y soñar.

Ello es que al joven poeta le costaba sudor de sangre cada renglón. Y fue lo malo que, cuando se hubo embriagado con los elogios tributados a la factura de sus primeros poemas, aún refinó más la de los siguientes, y los cinceló con rabia, con encarnizamiento, encerrándose en su gabinete de estudio y negándose a salir, hasta para comer, mientras no encontrase el efecto de sonoridad o de dulzura que recreaba su oído de melómano. No tardó mucho en notar cómo le era imposible semejante labor en aquél pícaro gabinete, donde se oían todos los ruidos de la calle céntrica: paso de ómnibus y tranvías, que hacían retemblar las vidrieras; rodar atronador de coches, que imponían al pavimento viva y momentánea trepidación; pregones de verduleras, que rompían con entonaciones ásperas y guturales las cadencias de sílabas que arrullaban a Camilo; riñas callejeras; trotadas de caballo; rebuznos asnales y pianos mecánicos, más insufribles aún que los rebuznos. Al principio estos ruidos importunaban al escritor, como importuna una sensación de conjunto, la bárbara irrupción de una murga, el vocerío de una feria; pero así que fijó su atención en el hecho de que la calle era bulliciosa, infernalmente estrepitosa, notó con angustia que cada ruido se destacaba de los demás y se precisaba y definía, obstruyéndole el cerebro y no permitiéndole tornear un solo verso. Los tranvías le pasaban por las sienes; los coches rodaban sobre su tímpano; los apremiantes pregones, los apasionados y rijosos rebuznos parecían feroces gritos de guerra; las tocatas de los pianos eran gatos de erizada pelambre que sobre la mesa de escritorio bufaban enzarzados o trocaban maulladas ternezas.

Crispado y dolorido ya, Camilo de Lelis recordó que tenía dinero y podía permitirse el lujo de un estudio silencioso. Gastó varios días en recorrer la capital, hasta que en un barrio limítrofe con el campo descubrió una casita o más bien hotel, de estos a la malicia que ahora se usan, que por lo retirado del movimiento y tráfago de las calles y por el jardincillo que tenía al frente, pareció al artista el refugio que soñaba. Realizó la mudanza con apresuramiento febril; instaló sus libros, sus muebles tallados, sus cacharros, sus damasquinas armas y bordadas telas —porque Camilo necesitaba verse rodeado de atmósfera de elegancia para trabajar—, y cuando todo estuvo en orden, antecogió las cuartillas y enristró la pluma. Apenas llevaba trazadas las tres estrellas, único título del poema que proyectaba, agitóse convulso en el sillón como si hubiese recibido eléctrica corriente. Era que de la calle desierta, abriéndose paso por entre las éticas lilas y los polvorientos evónimos, entraba una especie de gorjeo infantil, entrecortado de risa, de chillidos gozosos, de monosílabos palpitantes de curiosidad: en suma, la charla fresca de unos chicos que delante de la verja jugaban a la rayuela con cascos de teja, despojos de la tejera próxima.

El poeta se llevó las manos a las sienes, y poco después, como el parloteo de los gurriatos no cesaba, cogió el tintero y lo arrojó contra la pared, lo cual prueba que la cabeza de Camilo de Lelis empezaba a trastornarse. Sin embargo, resolvió esperar a la noche, hora del silencio, según todos los vates clásicos, y así que las tinieblas colgaron sus pabellones de crespón, he aquí que vuelve a llamar a la musa... Y cuando mentalmente apareaba el consonante del primer verso con el del tercero —como quien aparea soberbias perlas para pendientes de una hermosa—, oyó otra vez rumor junto a la verja... No como antes, espontáneo, regocijado y bullicioso, sino reprimido, suave, tímido, dialogado, interrumpido de tiempo en tiempo por calderones que estremecían y exaltaban hasta el paroxismo el cerebro del que oía... ¡Dos enamorados! ¡Una pareja! ¡Allí! El poeta se puso a renegar del amor, lo mismo que si el arte no existiese por él y para él... Y a la mañana siguiente Camilo de Lelis tomaba el tren y buscaba en la soledad de una provincia retiro bronco, la guarida de una fiera montés.

Hallóla a medida del deseo. Era, en la vertiente de una montaña, un conventillo en ruinas, donde mandó hacer los reparos necesarios para dejarlo habitable. Encerróse allí sin más compañía que una anciana criada. Parecía aquello el mismo palacio del Silencio augusto y reparador; y el poeta, al entrar en su mansión romántica, suspiró de gozo y se puso a escuchar las mudas armonías del desierto. Cuando pensaba saborear la callada paz de la atmósfera, el canto de un gallo resonó, imperioso y clarísimo. ¡Aquí de Dios! Al punto se le retorció el pescuezo al gallo; pero el sacrificio fue estéril, y Camilo no tardó en convencerse de que el viejo conventillo era cien veces más ruidoso que las calles de la corte. Sordos arrullos de palomas torcaces; correrías de ratones por los desvanes oscuros; zumbido de abejas que entraban por la ventana; coros de árboles agitados por el viento, y, sobre todo, el eterno plañir de la cascada, que desplomándose de lo alto de la roca al fondo del valle, deshecha en irrestañable llanto, inundaba de desesperación el alma del artista, ya reducido a la impotencia y presa en breve de la insania.

...

A los treinta años, casi olvidado de sus admiradores de un día, Camilo de Lelis expiraba en el manicomio. Su primera impresión, al encontrarse en el nicho, fue —no se admire el lector— de inmenso bienestar. Por fin habían cesado los malditos ruidos de la tierra, por fin su cerebro no sentía las horribles punzadas de agujas candentes y los tenazazos que por el oído llegaban a las últimas células de la sustancia gris... ¡Qué hermoso silencio absoluto, eterno, sin límites, como océano extendido desde lo infinito terrestre a lo infinito celestial!

De pronto... ¡No, si no puede ser! ¿Se concibe que existan ruidos dentro de una tumba, que atraviesen las paredes de un nicho, la espesura de una caja de cinc y de un recio ataúd forrado de paño grueso? No se concebirá, pero lo cierto es que algo suena... Camilo de Lelis se estremece, quiere incorporarse, quiere gemir... El ruido que le quita las dulzuras del perenne reposo es la fermentación que comienza, son los gusanos, que no tardarán en pulular sobre su pobre cuerpo... ¡Tampoco el sepulcro está solitario, y el adorador de la pura e inalterable Forma encuentra en él a su enemiga la Vida!

El Imparcial, 21 de noviembre de 1892.

El tornado

Entre las caras aldeanas, a la salida de misa, se destacaba siempre para mí, con relieve especial, la de un presbítero, que era aldeana, por las líneas y no por la expresión. Las caras no van más allá que las almas, y es el alma lo que se revela en los rasgos, en el pliegue de la boca, en la luz de los ojos. Aquel cura, arrinconado en la montaña, no sé qué presentaba en su fisonomía de resuelto y de advertido, de dolorido y de resignado, que me advirtieron, sin necesidad de preguntar a nadie, que tenía un pasado distinto del de sus congéneres de misa y olla, los cuales, desde el seminario, se habían venido a la parroquia, a no conocer más emociones que las del día de la fiesta del Patrón o las de la pastoral visita.

Habiéndole manifestado mi curiosidad al señorito de Limioso, se echó a reír a la sombra de sus bigotes lacios.

—Pues apenas se alegrará Herves cuando sepa que usted quiere oírle la historia... Como que los demás ya le tenemos prohibido que nos la encaje... Solo se la aguantamos una vez al año, o antes si hay peligro de muerte...

Convenido; vendría el cura aquella tarde misma. Le esperé recostado en un banco de vieja piedra granítica, todo rebordado de musgos de colores. Hacía frío, y el paisaje limitado, montañoso, tenía la severidad triste del invierno que se acercaba. Uno de esos pájaros que se rezagan y todavía se creen en tiempo oportuno de amar y sentir, cantaba entre las ramas del limonero añoso, al amparo de su perfumado y nupcial follaje perenne. En las vides no quedaban sino hojas rojas, sujetas por milagro y ya deseosas de soltarse y pagar su tributo a la ley de Naturaleza.

Hay en estos aspectos otoñales del paisaje una melancolía tranquila y, por lo mismo, más profunda, un mayor convencimiento de lo efímero de las cosas... Cuando entraron el cura y el señorito, dispuestos a satisfacer una curiosidad tan transitoria como la vida, ya mi espíritu andaba muy lejos: se había ido a donde no hay curiosidades, a una región de contemplativa serenidad.

Media hora después oía yo el relato de una aventura vulgar, pero que había bastado para dar aroma de pena antigua a la existencia de aquel hombre y para sugerirle un romanticismo, allá a su manera, complicado de cierto orgullo... Por la aventura podía mirar con superioridad, en lo interno, a sus compañeros, y en las largas sobremesas de los convites parroquiales, excitada la imaginación a poder del generoso y el anisete, revivir los dramáticos momentos, ser otra vez el que corrió graves peligros y estuvo a punto de que un vórtice le tragase...

—Al concluir la carrera —díjome después de recogerse un momento, como si no se supiese la relación de memoria— me encontré con que se murió una buena señora que era mi madrina de misa, y tuvo la ocurrencia de legarme una manda regular. Eché mis cuentas, y en vez de prestar a réditos para sacar al año una pequeñez, cargando además mi alma con responsabilidades, acordé salir un poco a ver el mundo. Yo hijos no había de tener; mis sobrinos..., ¡que se arreglasen!..., y como el viajar es la única diversión que no se mira mal en nosotros, ¡viajemos! Casi siempre, en tocando a salir de casa, mis colegas la emprenden hacia Roma. Una peregrinación..., ¡y adelante! Muy natural... Pero a mí, no sé por qué me entró afán de hacer todo lo contrario. Lo más diferente de Roma y de cuanto conocemos —pensé— serán los Estados Unidos... Y allá me fui, en un buque hermosísimo, y llegué a Cuba sin el menor tropiezo, y de La Habana, que por cierto me gustó de veras (a poco me quedó allí a vivir), pasé a la América del Norte, hallando tantas cosas de admirar que, para lo que me resta de estar en el mundo, tengo que rumiar memorias. Todo lo apunté en unos cuadernos para que no se me olvidase; y cada vez que leo en la Prensa algún invento o algún caso que parece mentira..., de mis cuadernos echo mano... y digo para mí...

—Y para los demás también —advirtió el señorito—. ¡Pues no nos tendrá leídos los cuadernitos que digamos!

—Y, bueno ¿de qué voy a tratar? ¿De política? ¿De chismes? ¡Ello es que en mis cuadernitos será raro que no se halle ya mencionado lo que nos dan por grandes novedades los periódicos...! En fin, yo me pasé más de un año entre aquella gente, sin conocer a nadie, con barbas y sin corona, aunque, gracias a Dios, sin faltar a las obligaciones de mi estado. Y así me estaría hasta la consumación de los siglos si no llega a escasearme el dinero, droga más necesaria allí, según pude advertir, que en parte alguna... Como no era cosa de echarme a pedir limosna, y a más no es costumbre de aquella gente el darla, tomé el partido de embarcarme otra vez, y la travesía desde Nueva York a La Habana fue una delicia...

En La Habana —donde no quise saltar a tierra, temeroso de no decidirme luego a salir de allí, aunque para mantenerme en aquel paraíso hubiese de ponerme a hacer la zafra en lugar de un negro— subió a bordo una señora joven, de riguroso luto —no despreciando, bien parecida—, con un niño muy guapo, de unos seis años. Éramos la señora y yo de los pocos españoles que en el buque iban; éramos ambos pasajeros de segunda, y por educación y porque me daba lástima empecé a saludarla y a entretenerme con el niño, una monada de listo y de cariñoso. El padre, por lo visto, era empleado, y se había muerto del vómito. Cada vez que salía la conversación, la viuda, lamentando su desamparo, lloraba; pero poco a poco se puso casi alegre, me gastaba bromas, y siempre procuraba encontrarse conmigo en el puente para charlar. No sabía que yo era sacerdote, y yo, vamos, no se lo dije: me parecía raro, con la barba que me llegaba a las solapas del chaleco. Al desembarcar, después de rasurarme..., bueno que lo supiese.

Como un golfín iba la embarcación hasta llegar a la altura de las Azores. Sin embargo, el capitán había torcido el gesto al ver un celaje muy descolorido, que luego fue volviéndose cobrizo al anochecer, y ya de noche, negro, lo propio que si en el cielo se hubiese volcado un tonel de tinta... Algunas exhalaciones parpadearon en el horizonte; pero la calma era tal, que el agua parecía aceite grueso. No se acostó el capitán, y yo tampoco; no sé qué inquietud me desvelaba. Al amanecer, el celaje se mostró más negro si cabe, y una ceja gigantesca, un arco inmenso apareció casi encima de nosotros, dibujado como por mano firme y maestra.

—¿Qué hay, capitán?— le pregunté al verle tan sombrío como el cielo.

—¡Qué ha de haber, me...! —y juró entre dientes—. ¡Que tenemos encima el tornado... y que será de los primera! ¿No ve usted qué perfecto es el arquito?

Ya había yo oído en el pasaje mentar el tornado con expresiones de terror; el tornado es el coco de aquellos mares. Así y todo, como la calma era tan absoluta y yo no entendía de achaque de navegación, no sentí al pronto mucho miedo. Empecé a sentir las cosquillas cuando pasajeros y tripulación salieron al puente y en voz baja se cambiaron impresiones. Todos mirábamos fijamente a aquella ceja colosal de un ojo terrible, inmóvil, que nos amenazaba. La calma era de plomo; no sé expresarlo sino así; en plomo nos creíamos envueltos.

Una pluma de ave echada al aire permanecía en suspensión. Y nuestras almas estaban como aquella pluma; pendientes y esperando el primer soplo...

En aquellos segundos de ansiedad trágica en que ni respirábamos, fue cuando la viuda, con su niño de la mano, su ropa negra, y más blanca la cara que un papel, se acercó a mí y me dijo de una manera que me llegó al corazón:

—No tenemos a nadie en este mundo... Yo solo en usted he puesto mi esperanza... Si sucede algo, ¿nos amparará? Esta criaturita sin padre...

Y, sin duda, yo estaba loco del susto que todos teníamos metido en el cuerpo, porque le contesté cogiéndola de las manos:

—A no ser que muriese yo primero, ni usted ni el niño han de pasar daño ninguno. El padre del niño aquí está.

Aún no hube proferido tal dislate..., ¡zas!, prorrumpe el huracán por el Nordeste con una fuerza inaudita; una fuerza tal, que todo el barco tembló y se paró; y no era que se hubiese roto la máquina —que se rompió después—, sino que ni con cien máquinas avanzaría... Saltaron luego unas olas..., ¡vaya unas olas de horror! Nadie creería que de aquella mar de aceite podían levantarse semejantes monstruos... Caíamos al fondo, y nos veíamos de repente en la cumbre de una muralla altísima, y debajo nos esperaba, para recogernos en otra caída, un abismo sin fin... El capitán estaba como loco; dos veces rodó al suelo, y en una de ellas, por desdicha, se rompió la cabeza contra no sé qué... Tomó el mando el segundo. Era mucho menos hombre, de menos agallas marineras, y comprendimos que estábamos perdidos sin remedio. El barco, al tener que ascender, se cansaba como una persona, se dormía cada vez más tiempo y no aguardábamos sino el instante en que, sin fuerzas la embarcación para vencer la espantosa subida, la ola se cerrase sobre nosotros y nos quedásemos allá abajo, en el remolino que produjésemos al ser absorbidos. Entre la confusión y el alocamiento de todos —cada uno pensaba en sí o en los suyos y nadie atendía a nadie— la viuda, sin saber lo que hacía, se me agarró a los hombros y empezó a decirme disparates..., ¡porque estaba como los demás: fuera de juicio!... Yo no iba a seguirla por el camino que emprendía..., y a su oído, murmuré:

—No puedo hacerle más favor que darle la absolución... Soy sacerdote, y vamos a morir en este instante...

Pegó un chillido y se apartó de mí... Y en el mismo momento, al rolar al Sur y al Sudeste, abonanzó de un modo tan repentino que parecía cosa milagrosa... Los oficiales dijeron después que sucede así con los tornados, que si duraran como dan...

En el resto de la travesía no volví a acercarme ni siquiera al pobre del niño. Desembarqué lo más pronto posible; en Lisboa. Y a veces, en esta paz que ahora disfruto, me parece que cuanto me pasó no me pasó, sino que lo habré soñado.

—Por eso nos lo cuenta cada año doce veces —arguyó, escéptico, el señorito—. Contándolo se convence de que no es inventiva... Así nos convenciese a los demás...

Blanco y Negro, núm. 928, 1908.

Agravante
Ya conocéis la historia de aquella dama del abanico, aquella viudita del Celeste Imperio que, no pudiendo contraer segundas nupcias hasta ver seca y dura la fresca tierra que cubría la fosa del primer esposo, se pasaba los días abanicándola a fin de que se secase más presto. La conducta de tan inconstante viuda arranca severas censuras a ciertas personas rígidas; pero sabed que en las mismas páginas de papel de arroz donde con tinta china escribió un letrado la aventura del abanico, se conserva el relato de otra más terrible, demostración de que el santo Fo —a quien los indios llaman el Buda o Saquiamuni— aún reprueba con mayor energía a los hipócritas intolerantes que a los débiles pecadores.

Recordaréis que mientras la viudita no daba paz al abanico, acertaron a pasar por allí un filósofo y su esposa. Y el filósofo, al enterarse del fin de tanto abaniqueo, sacó su abanico correspondiente —sin abanico no hay chino— y ayudó a la viudita a secar la tierra. Por cuanto la esposa del filósofo, al verle tan complaciente, se irguió vibrando lo mismo que una víbora, y a pesar de que su marido le hacía señas de que se reportase, hartó de vituperios a la abanicadora, poniéndola como solo dicen dueñas irritadas y picadas del aguijón de la virtuosa envidia. Tal fue la sarta de denuestos y tantas las alharacas de constancia inexpugnable y honestidad invencible de la matrona, que por primera vez su esposo, hombre asaz distraído, a fuer de sabio, y mejor versado en las doctrinas del I-King que en las máculas y triquiñuelas del corazón, concibió ciertas dudas crueles y se planteó el problema de si lo que más se cacarea es lo más real y positivo; por lo cual, y siendo de suyo propenso a la investigación, resolvió someter a prueba la constancia de la esposa modelo, que acababa de abrumar y sacar los colores a la tornadiza viuda.

A los pocos días se esparció la voz de que la ciencia sinense había sufrido cruel e irreparable pérdida con el fallecimiento del doctísimo Li-Kuan —que así se llamaba nuestro filósofo— y de que su esposa Pan-Siao se hallaba inconsolable, a punto de sucumbir a la aflicción. En efecto, cuantos indicios exteriores pueden revelar la más honda pena, advertíanse en Pan-Siao el día de las exequias: torrentes de lágrimas abrasadoras, ojos fijos en el cielo como pidiéndole fuerzas para soportar el suplicio, manos Cruzadas sobre el pecho, ataques de nervios y frecuentes síncopes, en que la pobrecilla se quedaba sin movimiento ni conciencia, y solo a fuerza de auxilios volvía en sí para derramar nuevo llanto y desmayarse con mayor denuedo.

Entre los amigos que la acompañaban en su tribulación se contaba el joven Ta-Hio, discípulo predilecto del difunto, y mancebo en quien lo estudioso no quitaba lo galán. Así que se disolvió el duelo y se quedó sola la viudita, toda suspirona y gemebunda, Ta-Hio se le acercó y comenzó a decirle, en muy discretas y compuestas razones, que no era cuerdo afligirse de aquel modo tan rabioso y nocivo a la salud; que sin ofensa de las altas prendas y singulares méritos del fallecido maestro, la noble Pan-Siao debía hacerse cargo de que su propia vida también tenía un valor infinito y que todo cuanto llorase y se desesperase no serviría para devolver el soplo de la existencia al ilustre y luminoso Li-Kuan.

Respondió la viuda con sollozos, declarando que para ella no había en el mundo consuelo, además de que su inútil vida nada importaba desde que faltaba lo único en que la tenía puesta; y entonces el discípulo, con amorosa turbación y palabras algo trabadas —en tales casos son mejores que muy hilados discursos—, dijo que, puesto que ningún hombre del mundo valiese lo que Li-Kuan, alguno podría haber que no le cediese la palma en adorar a la bella Pan-Siao; que si en vida del maestro guardaba silencio por respetos altísimos, ahora quería, por lo menos, desahogar su corazón, aunque le costase ser arrojado del paraíso, que era donde Pan-Siao respiraba, y que si al cabo había de morir de amante silencioso, prefería morir de rigores, acabando su declaración con echarse a los diminutos pies de la viuda, la cual, lánguida y algo llorosa aún, tratándole de loquillo, le alzó gentilmente del suelo, asegurando benignamente que merecía, en efecto, ser echado a la calle, y que si ella no lo hacía, era solo en memoria de la mucha estimación en que tenía a su discípulo el luminoso difunto. Y, sin duda, la misma estimación y el mismo recuerdo fueron los que, de allí a poco —cuando todavía por mucho que la abanicase, no estaría seca la tierra de la fosa de Li-Kuan—impulsaron a su viuda a contraer vínculos eternos con el gallardo Ta-Hio.

Vino la noche de bodas, y al entrar los novios en la cámara nupcial, notó la esposa que el nuevo esposo estaba no alegre y radiante, sino en extremo abatido y melancólico, y que lejos de festejarla, callaba y se desviaba cuanto podía; y habiéndole afanosamente preguntado la causa, respondió Ta-Hio con modestia que, le asustaba el exceso de su dicha, y le parecía imposible que él, el último de los mortales, hubiese podido borrar la imagen de aquel faro de ciencia, el ilustre Li-Kuan. Tranquilizóle Pan-Siao con extremosas protestas, jurando que Li-Kuan era, sin duda, un faro y un sapientísimo comentador de la profunda doctrina del Libro de la razón suprema, pero que una cosa es el Libro de la razón suprema y otra embelesar a las mujeres, y que a ella Li-Kuan no la había embelesado ni miaja. Entonces Ta-Hio replicó que también le angustiaba mucho estar advirtiendo los primeros síntomas de cierto mal que solía padecer, mal gravísimo, que no solo le privaba del sentido, sino que amenazaba su vida. Y Pan-Siao, viéndole pálido, desencajado, con los ojos en blanco, agitado ya de un convulsivo temblor...

—Mi sándalo perfumado —le dijo—, ¿con qué se te quita ese mal? Sépalo yo para buscar en los confines del mundo el remedio.

Suspiró Ta-Hio y murmuró:

—¡Ay mísero de mí! ¡Que no se me quita el ataque sino aplicándome al corazón sesos de difunto! —y apenas hubo acabado de proferir estas palabras cayó redondo con el accidente.

Al pronto quedó Pan-Siao tan confusa como el lector puede inferir; pero enseguida se le vino a las mientes que, en los primeros instantes de inconsolable viudez, había mandado que al luminoso Li-Kuan le enterrasen en el jardín, para tenerle cerca de sí y poderle visitar todos los días. A la verdad, no había ido nunca: de todos modos, ahora se felicitaba de su previsión. Tomó una linterna para alumbrarse, una azada para cavar y un hacha que sirviese para destrozar las tablas del ataúd y el cráneo del muerto; y resuelta y animosa se dirigió al jardín, donde un sauce enano y recortadito sombreaba la fosa.

Dejó en el suelo la linterna y el hacha, dio un azadonazo..., y enseguida exhaló un chillido agudo, porque detrás del sauce surgió una figura que se movía, y que era la del mismísimo Li-Kuan, ¡la del esposo a quien creía cubierto por dos palmos de tierra!

—Sierpe escamosa —pronunció el filósofo con voz grave—, arrodíllate. Voy a hacer contigo lo que venías a hacer conmigo; voy a sacarte los sesos, si es que los tienes. Entre mi discípulo Ta-Hio y yo hemos convenido que sondaríamos el fondo de tu malicia, y, sobre todo, de tu mentira. No castigo tu inconstancia que solo a mí ofende, sino tu fingimiento, tu hipocresía, que ofenden a toda la Humanidad. ¿Te acuerdas de la dama del abanico?

Y el esposo cogió el hacha, sujetó a Pan-Siao por el complicado moño, y contra el tronco del sauce le partió la sien.

El Liberal, 30 de agosto de 1892.

La hierba milagrosa

Explicaciones

Al cuento La hierba milagrosa debe preceder, a título de explicación, la carta que dirigí al señor don Miguel Moya, director de *El Liberal*.

Madrid, 22 de octubre de 1982.

Mi distinguido amigo: Al llegar a esta corte y registrar la pirámide de papeles y libros que me esperaban, encuentro un número de La Unión Católica, donde se dice que mi cuento Agravante, que *El Liberal* insertó el 30 de agosto próximo pasado, no es mío, sino de Voltaire. Me ha caído en gracia el que un periódico se tome la molestia de investigar la procedencia del cuento, cuando yo la declaraba en el cuento mismo, diciendo expresamente que lo había encontrado en las propias hojas de papel de arroz donde se conservaba la historia de la dama del abanico blanco, igualmente publicada por *El Liberal* bajo la firma del distinguido escritor Anatole France.

Lo que me pareció excusado añadir —porque lo saben hasta los gatos— es que esas hojas de papel de arroz, de donde tomó Anatole France su historieta y yo la mía, son las de los auténticos y conocidísimos Cuentos chinos, que recogieron los misioneros y coleccionó Abel de Remusat en lengua francesa.

En esa colección, la historia de la dama del abanico blanco y la de la viuda inconsolable y consolada forman un solo cuento.

Pero no es allí únicamente donde existe la tal historia, pues con solo abrir (¡recóndita erudición!) el Gran Diccionario Universal de Larousse, que forma parte integrante del mobiliario de las redacciones, hubiese visto La Unión Católica que esa historieta es conocida en todas las literaturas bajo el título de La matrona de Efeso, y que igualmente se encuentra en la India, en la China, en la antigüedad clásica y en la inmensa mayoría de los modernos cuentistas, que dramática y sentenciosa entre los chinos, ha tomado en otras naciones, en boca de los narradores de fabliaux y en Apuleyo, Boccaccio, La Fontaine y Voltaire, sesgo festivo y burlón; y añade el socorrido Diccionario: «Esta ingeniosa sátira de la inconstancia femenil parece tan natural y verdadera, que se diría que brotó espontáneamente en la imaginación de todo cuentista, y no hay que recurrir a la imitación para explicar tan singular coincidencia.»

De estas laboriosas investigaciones se desprende que el cuento es tan de Voltaire como mío, e hicimos bien Anatole France y yo en repartírnoslo según nos plugo, y hasta pude ahorrarme la declaración de su procedencia. En efecto, por mi parte, para remozar esa historia, no la he leído en Voltaire ni en ningún autor moderno, sino en la misma colección de Cuentos chinos; y estoy cierta de que mi versión se diferencia bastante de las demás.

Si entrase en mis principios dar por mío lo ajeno, o sea gato por liebre, no juzgo difícil la empresa. Claro está que yo no había de ser tan inocente que ejercitase el instinto de rapiña en lo que cada quisque conoce —o debe conocer por lo menos, pues se dan casos, y si no ahí está el descubrimiento de La Unión—. Sobran libros arrumbados: el que quiera tener algo bien oculto, que lo guarde en uno de esos libros. Ea, a la prueba me remito: vamos a hacer una experiencia. Al que acierte y diga qué autor español refiere en pocos renglones el caso que va usted a publicar bajo mi firma con el título de La hierba milagrosa, le regalo una docena de libros, que no diré que sean buenos, pero corren como si lo fuesen. Queda excluido de concurso Marcelino Menéndez y Pelayo.

De v. siempre afectísima amiga s. s. q. b. s. m.

Emilia Pardo Bazán.

Publicada esta carta con el cuento La hierba milagrosa, recibí algunas donde se me indicaban libros y autores que contenían el argumento del nuevo cuentecillo; no obstante, ninguna de aquellas cartas se refería a autor español; la mayor parte de mis corresponsales citaban a Ariosto, en cuyo poema Orlando furioso ocupaba el episodio de La hierba milagrosa un canto casi íntegro. Por fin, el señor don Narciso Amorós, escritor de erudición varia y peregrina, nombró a un autor español que traía el caso de la hierba, y aun cuando no era el mismo autor de donde yo lo había tomado —Luis Vives, en su Instrucción de la mujer cristiana, tratado de las vírgenes—, me pareció que no por eso dejaba de llenar el señor Amorós las condiciones del certamen, y tuve el gusto de ofrecerle el insignificante premio.

Como se ve, el acertijo no era ningún enigma de la esfinge para quien poseyese cierto caudal de doctrina bibliográfica. Sin embargo, siendo tan fácil descifrar la charada, mi acusador de La Unión Católica no la descifró, por no molestarme, según declaró poco después.

Páguele Dios atención tan extraña, pues ningún género de molestia, al contrario, me causaría ver consagrar a que se esclareciesen los orígenes de La hierba milagrosa igual diligencia que a descubrir el panamá de Agravante.

. . .

El caso que voy a referiros debió de suceder en alguna de esas ciudades de geométrica traza, pulcras, bien torreadas, de apiñado caserío, que se divisan, allá en lontananza, empinadas sobre una colina, en las tablas de los pintores místicos flamencos. Y la heroína de este cuento, la virgen Albaflor, se parecía, de seguro —aunque yo no he visto su retrato— a las santas que acarició el pincel de los mismos grandes artistas: alta y de gráciles formas, de prolongado corselete y onduloso y fino cuello, de seno reducido, preso en el jubón de brocado, de cara oval y cándidos y grandes ojos verdes, que protegían con dulzura melancólica tupidas pestañas; de pelo dorado pálido, suelto en simétricas conchas hasta el borde del ampuloso traje.

La tradición asegura que Albaflor, pudiendo competir en beldad, discreción, nobleza y riqueza con las más ilustres doncellas de la ciudad, las vencía a todas por el mérito singularísimo de haber elevado a religioso culto el amor de la pureza. La devoción a su virginidad rayaba en fanatismo en Albaflor, revelándose exteriormente en la particularidad de que cuanto rodeaba a la doncella era blanco como el ampo de la intacta nieve. Albaflor proscribía lo que no ostentase el color de la inocencia, y allá en el interior de su alma —si el alma tuviese ventanas de cristal— también se verían piélagos de candor y abismos de pudorosa sensibilidad, que siempre vigilante, vedaba el ingreso hasta el más ligero, sutil y embozado deseo amoroso, rechazándolo como rechaza el escudo de acero la emponzoñada flecha.

¿Decís que era virtud? Virtud era, pero también muy principalmente labor estética; delicada y mimosa creación de la fantasía de Albaflor, que se complacía en ella cual el artista se complace en su obra maestra, y la retoca y perfecciona un día tras otro, añadiéndole nuevos primores. La que sentía Albaflor al registrar su alma con ojeada introspectiva y encontrarla acendrada, limpia, tersa, clara como Luna de espejo, como agua serenada en tazón de alabastro, envolvía un deleite tan refinado y original, tan aristocrático y altivo, que no se le puede comparar ninguna felicidad culpable. Sabíanlo ya los mancebos de la ciudad y habían renunciado a galantear y rondar a Albaflor. Cuando la veían pasar por la calle, semejante a una aparición, recogiendo con dos dedos la túnica de blanco tisú, la saludaban inclinándose y la seguían —hasta los más disolutos— con ojos reverentes.

Aconteció por entonces que un conquistador extranjero invadió el reino y puso sitio a la ciudad donde vivía Albaflor. La desesperada resistencia fue inútil; no dio más fruto que encender en furor al jefe enemigo, inspirándole la bárbara orden de que la ciudad fuese entrada a sangre y fuego.

La soldadesca se esparció, desnuda la espada y al puño la tea, y pronto la triste ciudad se vio envuelta en torbellinos de humo y poblado el ambiente de gemidos, gritos de espanto y ayes de agonía, mezclados con imprecaciones y blasfemias espantosas.

Estaba la morada de Albaflor situada a un extremo de la población, y como el padre de la doncella, habiendo salido a defender las murallas, yacía cadáver sobre un montón de escombros, Albaflor, transida de angustia, se había encerrado en sus habitaciones, y rezaba de rodillas, viendo al través de los emplomados vidrios cómo el Sol tramontaba envuelto en celajes carmesíes. De improviso saltó hecha pedazos la vidriera, y se lanzó en la cámara un hombre, un soldado —mozo, gallardo, furioso, implacable—, pero que de improviso se paró, sorprendido, quizá, por el aspecto de la cámara.

Revestían las paredes amplias colgaduras blancas, sujetas con tachones y cordonería de plata reluciente. Del techo colgaba una lámpara del mismo metal. Pieles de armiño y vellones de cordero mullían el piso. El sillón y el reclinatorio eran chapeados de marfil, como asimismo el diminuto lecho. En una jaula se revolvía cautiva nevada paloma. Y sobre los poyos del balcón, en vasos de mármol blanco, se erguían haces apretadísimos de azucenas, centenares de azucenas abiertas o para abrir, y campeando en medio de ellas, airoso y nítido como garzota de encaje, un tiesto de cristal, de donde emergía el lirio blanco, al que su dueña regaba con religioso esmero, viendo en la soñada flor un símbolo...

Como si al iracundo vencedor la hermosura y el aroma de las flores le despertasen ideas de destrucción y exterminio, blandió la espada, segó y destrozó colérico el embalsamado bosque de azucenas. Las flores cayeron al suelo rotas y el soldado las pisoteó; después alzó el puño y fue a arrancar el lirio.

Oyóse un sollozo. Albaflor lloraba por su lirio emblemático, tan fresco, tan fino, de hojas de seda transparente, que iba a ser hollado sin piedad... Al sollozo de Albaflor, el soldado volvió la cabeza y divisó a la virgen arrodillada, vestida de blanco, destacándose sobre el fondo de oro de la tendida cabellera, y con rugido salvaje se precipitó a destrozar aquel lirio, más bello y suave que ninguno. Presa Albaflor en los brazos de hierro, se crispó, defendiéndose rabiosamente, y en un segundo, en que se aflojó algún tanto la tenaza, dijo con anhelo al soldado:

—Déjame y te daré un tesoro.

—¿Tesoro? —respondió él, estrechándola embriagado—. Cuanto hay aquí me pertenece, y el tesoro lo mismo. No te suelto.

—Es que el tesoro solo yo lo conozco —respondió afanosamente la doncella—. Si no lo aceptas, te pesará. Si muero, me llevaré el secreto a la tumba; y yo moriré si no me sueltas; ¿no ves cómo se me va la vida?

En efecto: el soldado vio que la doncella, lívida y desencajada, parecía ya un cadáver.

—¿Qué tesoro es ése? —preguntó, desviándose un poco—. ¡Ay de ti si mientes! De nada te servirá; no me engañes.

—Hay —dijo Albaflor, serenándose y con energía— una hierba milagrosa. El que la lleva consigo no puede ser herido por arma ninguna. Si la pones bajo tu coraza, harás prodigios de valor en los combates, y serás invulnerable, y llegarás a conquistar mayor gloria que el gran Alejandro. La hierba solo crece en mi jardín, y nadie la conoce y sabe sus virtudes sino yo, que he ofrecido, por saberlas, perpetua castidad. Si me desfloras, no podré enseñarte la hierba. Yo misma no la encontraré si pierdo mi honor.

—Vamos —exclamó el soldado casi persuadido, aunque todavía receloso—. La hierba, ahora mismo; a ser cierto lo que aseguras, a pesar de tu belleza, te miraré como miraría a mi propia madre.

Juntos salieron al jardín Albaflor y su enemigo. Recorrieron sus sendas, y en el sombrío rincón de una gruta inclinóse la doncella, y registrando cuidadosamente la espesura, dio un grito de triunfo al arrancar una planta menuda que presentó al soldado. Este la tomó meneando la cabeza desconfiadamente.

—¿Quién me asegura, doncella, que no me engañas por salvarte? —murmuró al recibir la hierba milagrosa—. ¿Quién me hace bueno que al entrar en batalla no será esta hierba inútil y vano amuleto, como los que fabrican las viejas con cuerda de ahorcado? ¡Creo que soy el mayor necio en perder el tesoro real y efectivo de tu belleza por este mentiroso hechizo!

—Ahora mismo —dijo Albaflor, mirando fijamente al mozo— vas a cerciorarte de que no te engañé y a probar las virtudes de la hierba. Desnuda tienes la espada; aquí hay un banco de piedra; yo pongo en él el cuello, con la hierba encima, y tú, de un tajo bien dado, pruebas a degollarme. Hiere sin temor —añadió la doncella, sonriendo gentilmente—, emplea toda tu fuerza, que no lograrás producirme ni una rozadura. ¡Ea! ¿Qué aguardas? Ya estoy, ya espero... Asegúrame de los cabellos, que así te es más fácil el golpe...

El soldado, lleno de curiosidad, cogió la rubia mata, se la arrolló a la muñeca, tiró hacia sí y de un solo golpe segó el cuello del cisne, horrorizado cuando un caño de sangre roja y tibia le saltó a la cara, envuelto en la hierba milagrosa...

Así salvó Albaflor el simbólico lirio blanco.

El Liberal, 24 de agosto de 1892.

Sobremesa

El café, servido en las tacillas de plata, exhalaba tónicos efluvios; los criados, después de servirlo, se habían retirado discretamente; el marqués encendió un habano, se puso chartreuse y preguntó a boca de jarro al catedrático de Economía política, ocupado en aumentar la dosis de azúcar de su taza:

—¿Qué opina usted de la famosa teoría de Malthus?

Alzó el catedrático la cabeza, y en tono reposado y majestuoso, moviendo con la sobredorada cucharilla los terrones impregnados ya, dijo con expresivo fruncimiento de labios y pronunciando medianamente la frase inglesa:

—Moral restraint... ¡Desastroso, funesto para la vida de las naciones! Error viejo, ya desacreditado... Pregúntele usted al señor Samaniego de Quirós, que tan dignamente representa a la república de Nueva Sevilla, si está conforme con Malthus y su escuela.

—Distingo —contestó el ministro americano, deteniendo la taza de café a la altura de la boca, por cortesía de responder sin tardanza—. Soy partidario en Europa y enemigo en América. Nosotros poseemos una extensión enorme de tierra fertilísima, y hemos cubierto el territorio de ferrocarriles y salpicado el litoral de magníficos puertos; ahora solo nos faltan brazos que beneficien esa riqueza, y nos convendría que el tecolote, o lechuza sagrada, que en nuestra mitología indiana estaba encargada de derramar los gérmenes humanos sobre el planeta, nos sembrase un hombre detrás de cada mata, para convertir en Paraíso terrenal cultivado lo que ya es paraíso, pero inculto.

—No les hacía a ustedes la pregunta sin intríngulis —advirtió el marqués—. Quería saber su opinión para formar la mía respecto a una mujer que fue condenada a cadena perpetua y que yo no he llegado a convencerme de si era la mayor criminal o la más desdichada criatura del mundo.

—Pues ¿qué hizo esa mujer? —preguntaron a la vez y con el interés que siempre despierta el anuncio de un drama todos los convidados del marqués, apiñándose alrededor de la mesilla cargada con el cincelado servicio de café y las botellas de licores color topacio.

—Lo habrán ustedes leído quizá en los periódicos; pero esas noticias telegráficas, en estilo cortado, se olvidan al día siguiente, a no ser que, como a mí, produzcan impresión tan profunda que luego se quiera averiguar detalles y que, averiguados, quede fija en el alma la terrible historia en forma de problema, de remordimiento y de duda. La van ustedes a oír..., y si la sabían ya, me lo dicen, y también lo que piensan de ella, a ver si me ilumina su ilustrado parecer.

En uno de los barrios más destartalados y miserables de este Madrid, donde se cobija tanta miseria, ocupó un mal zaquizamí una pareja de pobretes; él, obrero gasista; ella, hija del arroyo. El marido trabajó algún tiempo... regular; en fin, que comían casi siempre o poco menos. Vinieron los chiquillos, más espesos que las hogazas; hizo falta trabajar firme, pero el hombre flojeó, mientras la mujer se agotaba lactando. La historia eterna, reproducida a cientos de miles de ejemplares: un poco de fatiga y desaliento trae la holganza; la holganza llama por la bebida; la bebida, por el hambre; el hambre, por las quimeras; de las quimeras se engendran la riña y la separación. El obrero, una noche abandonó el tugurio, soltando blasfemias y maldiciendo de su estrella condenada, porque, según él, quien se casa es un bruto; quien tiene hijos, dos brutos, y quien los mantiene, tres brutos y medio, y jurando que cuando él volviese a aportar por semejante leonera habría criado pelos la rana.

Allí se quedó sola la mujer, con los cinco vástagos, la mayor de diez años, de once meses el menor. Buscó labor, pero no la encontró, porque no podía apartarse de los niños y, en especial, del que criaba, ni se improvisan de la noche a la mañana casas donde admitan a una asistenta o una lavandera desconocida, famélica, hecha un andrajo, con un marido borrachín y de malas pulgas. El único trabajo que le salió, como ella decía, fue recoger huesos, trapos y estiércol en las carreteras; gracias a este arbitrio se ganaba un día con otro sus tres o cuatro perros grandes.

Vino un invierno lluvioso y muy crudo, y el recurso faltó, porque la lluvia es la enemiga del trapero; le hace papilla la mercancía. Transcurrió una semana, y en ella empezaron a debilitarse de necesidad los niños. La madre andaba escasa de leche; el crío lloraba la noche entera, tirando del pecho flojo. El panadero, a quien se le debían ya dieciséis pesetas, se cerró a la banda, negándose a fiar. La Sociedad de San Vicente dio unos bonos, y comidos los bonos, el hambre y el desabrigo volvieron. La mujer salió de su casa una tarde —víspera, por cierto, de Reyes— y vendió su única joya, una chivita blanca, muy hermosa, por la cual sacó algunos reales. Fuese a la plaza Mayor, compró unos Reyes magos, preciosos, a caballo, con su estrella y su portalillo; además atestó los bolsillos de piñonate y se echó una botella de vino bajo el brazo. Llevó pan, garbanzos, tocino; llegó a su casa; puso el puchero, y los niños, locos de alegría, después de jugar mucho con los Santos reyes, comieron olla y golosinas, y se acostaron atiborrados, y se durmieron al punto. La madre también comió y bebió vino a placer. Con el alimento y el arganda sintió que subía la leche a su seno: se desabrochó y dio un solemne hartazgo al pequeñillo. Así que le vio tan lleno que cerraba los ojos, le metió de firme el pulgar por el cuello, asfixiándole.

Se llegó luego al mal jergón donde juntos dormían la niña de tres años, el niño de seis y el de nueve. A la de tres le apretó el graznate hasta dejarla en el sitio. Al de seis, igual. Pero el mayorcito se despertó, y sintiendo las manos de su madre en el pescuezo, se defendió como un fierecilla. Mordía, saltaba, pateaba, no quería morir; la madre consiguió batirle la cabeza contra la pared y así aturdido, ahogarle.

Volvióse entonces y vio a la niña mayor, de diez años, incorporada en su jergón, con los ojos dilatados de horror y las manos cruzadas, chillando, pidiendo misericordia. Tenía aún sobre la almohada las figuritas de los Santos reyes. «Paloma —dijo la madre, acercándose—, tu padre se ha largado, a tus hermanitos los he despachado, y yo llevaré el mismo camino enseguida, porque no puedo más con la carga. ¿Te quieres tú quedar sola en este amargo mundo?»

Y la chiquilla, convencida, alargó el pescuezo y se dejó estrangular sin defenderse; como que, muerta, tenía una expresión dulce y casi feliz.

Cubrió la madre a las cinco criaturas con unos trapos y las mantas, encendió el anafre, cerró las ventanas, se tendió en la cama y esperó.

Los vecinos habían oído gritar al chico y a la niña. Percibieron tufo de carbón, recelaron y rompieron la puerta. La madre se salvó de morir; la llevaron a la cárcel entre una multitud que la amenazaba y maldecía; la juzgaron, y en la duda de si era fingido o no era fingido el suicidio, ni se atrevieron a enviarla al palo ni a absolverla. Lo que hicieron fue sentenciarla a cadena perpetua.

Al pronto, nadie comentó la historia del marqués, tan impropia de un amo de casa que obsequia a sus amigos. Por fin, el catedrático de Economía murmuró sentenciosamente:

—No veo clara la conducta de esa mujer. ¿Por qué no ahorró los dineros producto de la venta de la cabra, en vez de malgastarlos en figuritas de reyes y estrellas de talco? Con esos cuartos vivían una semana lo menos. El pobre es imprevisor. ¡Ah, si pudiésemos infundirle la virtud del ahorro! ¡Qué elemento de prosperidad para las naciones latinas!

—Y usted —preguntó el marqués, sonriendo—, ¿enviaría a esa mujer a presidio?

—¡Qué remedio! —exclamó el interrogado, presentando las suelas de las botas al calorcillo de la chimenea.

El Liberal, 16 de enero de 1893.

Evocación

El marqués de Zaldúa era, al entrar en la edad viril, secretario de Embajada, garzón cumplido y apuesto, con una barba y un pelo que parecían siempre acabados de estrenar, manos tan pulcras como las de una dama, vestir intachable, y conversación variada y en general discreta; en suma, dotado de cuantas prendas hacen brillar en sociedad a un caballero. Y en sociedad brillaba realmente el marqués; sonreíanle las bellas, y de buen grado se refugiaban en su compañía, a la sombra de una lantana o de un gomero, en una serre, a charlar y oír historias, a desmenuzar el tocado o a comentar los amoríos de los demás. Su brazo para ir al comedor, su compañía para el rigodón, eran cosas gratas; su saludo se devolvía con halagüeña cordialidad, de igual a igual; ramo que él regalase se enseñaba a las amigas, previo este comentario: «De Zaldúa. ¡Qué amable! ¡Qué bonitas flores!»

En vista de estos antecedentes, no faltará quien crea que nuestro diplomático es un afortunado mortal. No obstante, el marqués, que por tener buen gusto en todo hasta tiene el de no ser jactancioso ni fatuo, afirma, cuando habla en confianza absoluta, que no hay hombre de menos suerte con las mujeres.

—Si me pasase lo contrario; si fuese un conquistador, me lo callaría —suele añadir, sonriendo—. Pero puesto que nada conquisto, no hay razón para que me haga el misterioso y oculte mis derrotas. Soy el perpetuo vencido: ya he desesperado de sitiar plazas, porque sé que habría de levantar el cerco prudentemente, para salvar siquiera el amor propio.

Reflexionando sobre el asunto, he dado en creer que mi mala ventura es hija de lo que llaman mis éxitos de salón. ¿Ha observado usted que las mujeres menos amadas son esas tan festejadas, esas reinas mundanas que al pasar levantan rumor de admiración y a quienes todos los hombres tienen alguna insustancialidad que decir? Algo parecido nos debe de suceder a los que en los círculos muy escogidos no hacemos papel del todo desairado. También creo que me perjudica..., no vaya usted a reírse..., la buena educación de familia. Me lo inculcaron desde niño, y soy extremadamente cortés con las señoras: imposible que nadie las trate con más respeto, con más delicadeza. Al hablarles las incienso; al sonreírles les dedico un poema. Y aunque parezca extraño..., a veces se me ocurre que las mujeres, por la dependencia en que vive su sexo desde hace tiempo inmemorial, tienen un flaco inconfesado por los hombres insolentes y duros, reconociendo en ellos al amo y señor. Los que estamos dispuestos a descolgar la Luna para complacerlas, quizá pasamos por sandios o por débiles: dos cosas igualmente malas.

Cierto día, hablando así el marqués a un amigo suyo, el amigo le preguntó si era posible que tanta galantería, tanta corrección, no le hubiesen valido algo más que simpatías, y si nunca se había creído dueño del corazón de una dama. El marqués, después de algunos instantes de perplejidad, contestó:

—En fin, ya ha pasado tiempo, la interesada no existe, y si usted me permite callar el nombre, contaré la única fortunilla que tuve... Después que usted se entere, no me llamará alabadizo por haberla contado... Es una victoria negativa, que concurre a demostrar lo mismo que decíamos antes —y aquí el marqués sonrió con cierto humorismo triste—; a saber, que no eclipsaré yo a los Tenorios ni a los Mañaras.

Una de las veces que vine a España con licencia a ver a mi madre, encargóme ésta que, cuando regresase a París, visitase a una duquesa amiga suya, a quien no había visto en muchos años, porque vivía retirada, desde la muerte de una hija muy querida, en soberbia quinta, a poca distancia de Bayona. Resuelto a cumplir el deseo de mi madre, resolví también no aburrirme, o al menos no demostrarlo, en las horas que la visita durase. Me bajé en la estación más próxima a la quinta, donde ya me esperaba el capellán de la duquesa con un break.

A fuer de señora fina, la duquesa me recibió con muestras de contento, y salió a saludarme al vestíbulo, toda de luto, sin más adorno que unos pendientes de perlas de inestimable precio, por lo iguales, lo gruesas y la hermosura de su oriente...

—¿Como aquellas dos perlas que usted lleva en la pechera muchas noches?

—Justo. Mi primer movimiento, al ver a la señora, fue tomarle la mano y besársela con devoción y viveza. Noté, sorprendido, que tan sencilla atención le hacía salir el color a las mejillas. ¡Cuánto tiempo que nadie le besaba la mano! No sé por qué, al advertirlo, me ocurrió lisonjear un poco a la pobre señora, tratándola como trata a una mujer joven, guapa y digna un muchacho de buena sociedad, con hábil mezcla de respeto y galantería. Las primeras palabras de la duquesa fueron para notar mi gran parecido con mi madre, y lo dijo con la tierna turbación del que recuerda afectos y alegrías pasadas. Después añadió que, comprendiendo lo que son muchachos, me rogaba que me considerase en su casa enteramente libre, y que sabiendo las horas de comer, y enterado de que en la quinta había coches y caballos a mi disposición, podía arreglar los días a mi gusto. Respondí con calor que no me había desviado de mi camino sino para verla y acompañarla, y que ella no sería tan cruel que no me permitiese gozar, aunque solo fuese por breve tiempo, de su conversación y trato. Nuevamente se coloreó su cara, y como hiciese una indicación al capellán para que me mostrase la quinta, le supliqué, si no le era molesto, que me la enseñase ella misma, a la hora que tuviese por más conveniente, porque el recuerdo de aquella finca se uniese al de su dueña en el santuario de mi memoria. Al punto, la duquesa pidió su sombrilla su sombrerito de jardín, y, sin dilación, quiso que fuésemos a recorrer arriates, estufas, bosques y granja o caserío de los colonos. Le presenté el brazo y la sostuve con vigor, con la tensión de músculos que en un baile desarrollamos para pasear por los salones a la reina de la fiesta y ostentarla.

Durante el paseo la fui animando, a fuerza de atención, a que hablase mucho, y dos o tres veces la hice reír, y contestar en tono chancero. En el invernáculo nos paramos delante de una flor rara, el jazmín doble, y alabando su aroma, le rogué que me pusiese una rama en el ojal. Consintió, declarando que yo era muy caprichoso: y mientras me sujetaba la rama con sus dedos torneados aún, la miré al fondo de las pupilas, con una gratitud risueña y..., no sé cómo diga..., iba a decir amorosa..., en fin, con un no sé qué, que le hizo bajar los ojos... ¡Sí, bajarlos!

Volvió de la excursión algo fatigada; subió a arreglarse para comer, y durante la comida procuré seguir entreteniéndola, sin que la conversación languideciese un minuto. A los postres, volví a ofrecerle el brazo, y ya lo tomaba para pasar al salón, cuando el capellán, asombrado, le recordó que faltaba dar las gracias. Rezamos, y ya en el salón, me senté al lado de la duquesa, e insensiblemente la traje a hablar de su juventud, de sus triunfos. Al contarme que en un baile de casa de Montijo llevaba traje rosa salpicado de jazmines —justamente de jazmines—, exclamé, como involuntariamente: «¡Qué hermosa estaría usted!» Volvió la cabeza, hubo un silencio eléctrico de algunos segundos..., y noté que su respiración se hacía difícil.

Al retirarme a mi cuarto, recapacité y me alarmé, lo confieso; vi en perspectiva la ridiculez posible de una situación hasta entonces tan original, tan graciosa, tan culta..., y resolví marcharme a coger el tren que pasa al amanecer por Bayona. Dicho y hecho: salté de la cama, me vestí, bajé a la cuadra, mandé poner el break y dejé una cartita para la duquesa, donde, presentándole todas mis excusas, indicaba que las despedidas son siempre melancólicas, y que mi deseo era que no quedase ningún mal recuerdo de mi breve estancia.

El día de Año Nuevo recibí en París una caja. No contenía más que jazmines dobles. El día de mi santo recibí otra. Igual contenido. Al cumplirse un año —día por día— de mi llegada a la quinta, más jazmines. Ya no pude dudar de la procedencia. La duquesa los criaba a precio de oro y me los enviaba en toda estación.

Después nada recibí... más que la noticia de la muerte de la duquesa, y a poco me entregaron esas perlas que usted sabe —sus pendientes—, que en su testamento me legaba, a título de recuerdo del día en que nos conocimos. Así rezaba la cláusula: en que nos conocimos.

Ea, ya sabe usted mi conquista...

—¿Y usted cree —preguntó el amigo, con suma curiosidad— que la duquesa no enfermó de pena de no verle?

—La duquesa tenía sesenta y cinco años —dijo, por vía de contestación, Zaldúa.

El Liberal, 10 de agosto de 1892.

Confidencia

Nunca me había sido posible adivinar qué oculto dolor consumía a Ricardo de Solís, imprimiendo en sus facciones una huella tan visible de siniestra amargura.

Todos cuantos le veían experimentaban la misma curiosidad punzante, igual deseo de conocer el secreto —que había secreto saltaba a los ojos— de por qué aquel hombre parecía la tétrica imagen de la pena.

Los más sagaces ni presumían siquiera dónde podría hallarse la clave del misterio. Ricardo de Solís era soltero; su hacienda, mucha; limpia y noble su ascendencia; vigorosa su complexión; su presencia, gallarda. Alguien atribuyó su abatimiento a males físicos; su médico lo desmintió, asegurando que nada le dolía a Solís. Las damas cuchichearon no sé qué de amores imposibles y secretos lazos ilegales; púsose en acecho la malicia, fisgoneando como entremetida dueña, y solo descubrió patentes indicios de una indiferencia suprema en cuestiones femeniles.

Se habló de pérdidas en Bolsa, de deudas, de usuras, de atolladeros sin salida; pero el agente que manejaba fondos de Solís, su abogado, sus proveedores, sus compañeros de Casino, desmintieron tales voces, declarando que no existían en Madrid cien fortunas tan saneadas ni tan bien regidas como la de don Ricardo. Por ninguna parte se veía el punto negro, y justamente el no verlo excitaba más la sed de saber y enterarse de lo que a nadie importa, sed que aflige y caracteriza a los desocupados e inútiles, o sea, a la mayoría social.

A mí también declaro que me daba en qué pensar el enigma; pero mi curiosidad —y perdónenme los demás curiosos— tenía alguna justificación, al modo que la tiene la crueldad del vivisector que despelleja a un conejo en interés de la ciencia. Cuanto más vivo, más voy creyendo en la Biblia en cuyas páginas se estudia el supremo saber de la humanidad. Como los rancios y primorosos horarios que iluminaba la mano paciente del monje en la Edad Media, el libro del corazón humano no tiene página que sea igual a otra. Como en esos mismos horarios, al lado de la página donde los ángeles, cercados de luz, saludan a la Inmaculada Doncella, está la página donde los vicios, representados al natural o en forma de inmundas alimañas, ostentan sin rebozo su fealdad y desnudez. Como en los mismos horarios, la impresión definitiva que produce en el alma el conjunto de divina pureza y desnuda fealdad, es una impresión religiosa.

Defendida así mi propia causa, diré que puse en juego todos los recursos decorosos y lícitos, todas las estratagemas de buena guerra, para descifrar el logogrifo viviente. Busqué con maña el trato de Solís, estudié el modo de atraerle a mi casa, le serví en dos o tres asuntos de poca monta y tuve la habilidad de presentarme como persona a quien son profundamente indiferentes las historias ajenas. No sé si lo creyó, pues la impertinencia de las gentes le tenía muy prevenido y en guardia; sé que aparentó creerlo, y estimó mi cauta discreción en lo que valía. Quizá lisonjeado por ella —la discreción es siempre una lisonja, pues implica respeto—, fue dejándose ganar al trato frecuente, siempre reservado, siempre serio, siempre mudo sobre lo esencial, lo que todos deseaban saber, y yo más que todos.

Cuando ya íbamos siendo amigos, me pareció notar que la escondida llaga de la vida de Solís se enconaba. La contracción de su rostro, lo torvo de su mirar, la expresión de condenado visible en ojos, boca y hasta en la nerviosa dilatación de la nariz —por donde exhalaba involuntariamente el suspiro de agonía a que los apretados labios no querían abrir camino—, eran otros tantos indicios delatores del desastre moral, sujeto, como el físico, a las leyes fatales de progresión. El alma de Ricardo de Solís naufragaba; hundida en las olas y sin fuerza ya para combatirlas, sacaba a flor de agua la cabeza, miraba con desesperación al cielo y volvía a sentirse absorbida por el remolino inexorable.

Al mismo tiempo que observé todos estos síntomas alarmantes, creí percibir otros... —¡cuán leves eran!, ¡cuán vagos!, ¡cuán indefinibles!— de una tendencia a quebrantar aquel horrible silencio, a deshacer el nudo de la garganta, a despedazar la glacial costra, dejando paso al torrente de lava que estremecía el subsuelo. Los librepensadores que hacen mofa de la confesión auricular desconocen la íntima contextura de nuestro espíritu, que rara vez puede resistir sin desfallecer el peso del secreto propio. El reo que, acosado, acorralado, con la sentencia de muerte encima, sabe que el confesar es peligroso, pero confiesa, porque no puede menos, saborea un placer inefable, cuya causa no adivina, porque ignora que la afirmación de la verdad complace a nuestra alma racional, como a nuestra vista la línea recta.

Tal era, sin duda, el estado psíquico de Ricardo de Solís: en varias ocasiones sospeché que le subía a la boca la confesión, y allí se paraba, espantada de sí misma. Y, por último, adquirí el convencimiento de que Solís —un día u otro, quizá mañana, quizá dentro de un año— hablaría, porque era necesario, era fatídico que hablase. Lejos de facilitarle ocasión, me esmeré más que nunca en que me creyese indiferente y distraída. Los cismáticos griegos se confiesan a una pared y no tienen rubor. Yo fingí ser de cal y canto, para que, al llegar la segura y tremenda confidencia, fuese absoluta, sin hipócritas reticencias, ni atenuaciones, ni distingos.

Una noche entró Solís. Nadie estaba conmigo; ardía mansamente la chimenea; la pantalla verde apenas dejaba filtrar la claridad del quinqué; el aposento se encontraba a esa fantástica semiluz que favorece la expansión de la confianza. Fuera zumbaba el viento de invierno, lúgubre y sordo; dentro la alfombra y las cortinas amortiguaban el ruido más leve. En el modo de saludar, de sentarse, de iniciar la conversación, comprendí ¡desde el primer instante! que aquella noche se descorría el velo misterioso.

He de confesar mi cobardía. A las primeras palabras de la historia de Solís sentí impresión tal, que quise rechazar la confidencia, y aconsejé al desgraciado que fuese a arrodillarse a los pies de un hombre bueno y justo, con facultad para absolver a los mayores culpables en nombre del que murió por ellos. Mi repulsa fue hábil, pues acrecentó en Solís el ansia de abrir su corazón.

—No hay sacerdote para mí —me dijo, ronco y tembloroso, apoyando en las manos la frente—. Ni hay sacerdote, ni yo quiero ser perdonado... ¡El perdón me horroriza! —añadió, rechinando los dientes—. No, no se asuste usted todavía. Ahora verá usted. ¿Usted sabe lo que quieren a sus hijos las madres? Pues pinte usted el cariño de cien madres de las más extremosas, y comprenderá usted lo que era la mía... No me separé de ella desde el día en que nací, y creo que eso mismo..., creo que el exceso... Lo cierto es que, cuando fui un minuto hombre, hirvió en mí un ansia insensata de libertad.

Quería vivir a mi gusto, no sé si mal, o si bien, pero dueño de mí, sin traba ninguna de voluntad ajena. Un instinto diabólico me llevaba a hacer todo lo contrario de lo que quería y aconsejaba mi madre. Sospecho que aquello tenía algo de manía o demencia. El alma es insondable. No sé cómo fue, puedo jurarlo; pero lo cierto es que la contradecía, la afligía, la maltrataba con rabia, primero de palabra, después...

Aquí Solís exhaló una especie de gemido convulsivo y calló. Yo me guardé muy bien de manifestar que me asustaba la revelación horrenda. Mi silencio y mi serenidad animaron al reo.

—Lo que más la angustiaba era el que yo bebiese..., y, sin ganas, bebía..., solo por mortificarla, por... Adquirí costumbre... Sucedió que una vez vine a casa... ebrio..., ebrio... Con toda la energía de su amor me reprendió, afeó el mal hábito..., y... después... quiso acostarme, cuidarme como cuando era niño... Salté furioso..., la rechacé brutalmente..., no sé lo que dije..., la amenacé, jurando que si se empeñaba en tratarme como a un muñeco, pegaría fuego a la casa... Y al decirlo, arrimé la luz que estaba sobre la mesa a una cortina... La llama subió de prisa, culebreando... Yo entonces tuve no sé qué vislumbre de razón, y huí pidiendo a voces: «¡Agua, socorro!» Por pronto que acudieron los criados, que ya dormían... mi madre..., desmayada, aturdida del golpe que le di al rechazarla..., caída en el suelo al pie de la cortina..., su traje en comunicación..., rodeada de llamas...

El parricida alzó la cabeza y clavó en mí dos ojos que eran dos ascuas vivas. Pedí a Dios que les enviase a aquellos ojos una lágrima..., y Dios, compasivo, debió de oírme, porque las ascuas se apagaron, se vidriaron... Un sollozo acompañó el fin de la confesión.

—Mi madre dijo a todos que ella misma, con la bujía, se había prendido fuego a la ropa... De allí a ocho días..., porque duró ocho días..., entre sufrimientos que hacen erizar los pelos... Las ballenas del corsé, de acero, incrustadas en la carne... La camisa adherida a la piel, que salió con ella a tiras...; los ojos, ciegos...; las costillas, descubiertas; el hueso del brazo, hecho carbón...

—Segura estoy —dije, interrumpiendo a Solís— de que su madre de usted, antes de morir, le perdonó y le bendijo.

Contestóme un ahogado grito del hombre que ya no podía reprimir la convulsión, y su voz, que apenas se oía:

—Eso..., eso fue lo malo... el perdón maldito... No, si yo no tengo remordimientos..., si yo no me arrepiento, no... Solo quiero me quiten aquel perdón..., y volveré a gozar, a reír, a tener amores, a comer, a vivir como los demás... El perdón... El perdón que me dio agonizando... ¡Ese perdón! ¡Ah! ¡Qué venganza tan infame! El perdón es lo que yo tengo aquí... ¡De eso me muero! Y seco ya el llanto, rugió una maldición y salió huyendo como en la noche de su crimen. Oí el portazo que dio, y quedé trémula, pesarosa de saber y queriendo saber más todavía.

No supe más. Ricardo de Solís no volvió a mi casa. Pocos días después desapareció de la villa y corte. Se cuenta que pasó al África, y que en Tánger se pegó un tiro en la sien.

El Imparcial, 5 de diciembre de 1892.

Piña

Hija del Sol, habituada a las fogosas caricias del bello y resplandeciente astro, la cubana Piña se murió, indudablemente, de languidez y de frío, en el húmedo clima del Noroeste, donde la confinaron azares de la fortuna.

Sin embargo, no omitíamos ningún medio de endulzar y hacer llevadera la vida de la pobre expatriada. Cuando llegó, tiritando, desmadejada por la larga travesía, nos apresuramos a cortarle y coserle un precioso casaquín de terciopelo naranja galoneado de oro, que ella se dejó vestir de malísima gana, habituada como estaba a la libre desnudez en sus bosques de cocoteros. Al fin, quieras que no, le encajamos su casaquín, y se dio a brincar, tal vez satisfecha del suave calorcillo que advertía. Solo que, con sus malas mañas de usar, en vez de tenedor y cuchillo, los cinco mandamientos, en dos o tres días puso el casaquín majo hecho una gloria. El caso es que le sentaba tan graciosamente, que no renunciamos a hacerle otro con cualquier retal.

Porque es lo bueno que tenía Piña: que de una vara escasa de tela se le sacaba un cumplido gabán, y de medio panal de algodón en rama se le hacía un edredón delicioso. ¡Y apenas le gustaba a ella arrebujarse y agasajarse en aquel rinconcejo tibio, donde el propio curso de su sangre y la respiración de su pechito delicado formaban una atmósfera dulce, que le traía vagas reminiscencias del clima natal!

De noche se acurrucaba en su medio panalito; pero de día, la vivacidad de su genio no le daba lugar a que permaneciese en tal postura, y todo se le volvía saltar, agarrarse a una cuerda pendiente de un anillo en el techo, columpiarse, volatinear, enseñarnos los dientes y exhalar agrios chillidos. Si le llevábamos una avellana, media zanahoria, una uva, tendía su mano negra y glacial, de ágiles deditos, trincaba el fruto, la golosina o lo que fuese, y mientras lo mordiscaba y lo saboreaba y lo hacía descender, ya medio triturado, a las dos bolsas que guarnecían, bajo las mejillas, su faz muequera, nos miraban con benevolencia y no sin algún recelo sus contráctiles ojos de oro, ojos infantiles, que velaba una especie de melancolía indefinible.

Mucho sentíamos verla prisionera detrás de aquella reja de alambre; pero ¡el diablo que suelte a una criatura por el estilo! No quedaría en casa, a la media hora de haberla soltado, títere con cabeza. Un día que logró escaparse, burlando nuestra severa vigilancia, causó más averías que el ciclón. Volcó dos jarrones de flores, haciéndolos añicos, por supuesto; arrancó las hojas a tres o cuatro volúmenes; paseó por toda la casa la gorra del cochero, acabando por arrojarla en el fogón; destrozó un quinqué, se bebió el petróleo, y, por último, apareció medio ahorcada en los alambres de una campanilla eléctrica. De milagro la sacamos con vida, demostrándonos una vez más su escapatoria que la libertad no conviene a todos, sino tan solo a los que saben moderadamente disfrutarla.

Pero, claro está, la infeliz Piña, al verse libre y señera, se había creído en sus florestas del trópico, donde nadie arma bronca a nadie por rama tronchada más o menos. Pasado el desorden de su primera embriaguez, cayó Piña en abatimiento profundo, no sé si por reacción de la febril actividad gastada en pocas horas, o si por obra de la turca de petróleo. Causaba pena verla al través del enrejado, tan alicaída, tan pálida, con el pellejo de las fauces tan arrugado y el pelo tan erizado y revuelto. Su inmovilidad entristecía la jaula, y su plañidero gañido tenía cierta semejanza con la queja sorda del niño debilitado y enfermo. Comprendimos que era preciso intentar algún remedio heroico, y al primer capitán de barco que quiso aceptar la comisión le encargamos un novio para Piña.

¡Nada menos que un novio!

Porque conviene saber que Piña conservaba el candor, la inocencia, la honestidad y todas esas cosas que deben conservar las damiselas acreedoras a la consideración y respeto del público. La flor —si así puede decirse— de su virginidad estaba intacta. Y aunque ningún indicio justificara la atrevida y ofensiva suposición de que Piña estuviese atravesando la sazón crítica en que las doncellas se pirran por marido, la pena y decaimiento en que se encontraba sumergida eran motivo suficiente para que le proporcionásemos la suprema distracción del amor y del hogar. Aflojamos, pues, cinco duros, y el novio, muy lucio de pelaje y muy listo de movimientos, entró en la jaula como en territorio conquistado.

¿Estaría aquel galán empapado en las teorías de Luis Vives, fray Luis de León y otros pensadores, que consideran a la hembra creada exclusivamente para el fin de cooperar a la mayor conveniencia, decoro, orgullo, poderío y satisfacción de los caprichos del macho? ¿Se habría propuesto llevar a la práctica el irónico mandamiento de la musa popular, que dice:

> Tratarás a tu mujer
> como mula de alquiler...,

o procedería guiado por un espíritu de venganza y resentimiento, al notar que la joven desposada le recibía con frialdad evidente y con despego marcadísimo? Lo que puedo afirmar es que, desde el primer día, el esposo de Piña —al cual pusimos el nombre significativo de Coco— se convirtió en aborrecible tirano. Yo no sé si medió entre ellos algo semejante a conyugales caricias; respondo, sí, de que, o por exceso de pudor —raro en gentes de su casta— o porque tales caricias no existieron, jamás advertimos que Coco y Piña, en sus mutuas relaciones, se hubiesen de otra manera sino de la que voy a referir.

Encogida Piña en un rincón de la jaula, entre jirones de verduras, peras aplastadas y destrozadas zanahorias, llegábase a ella su marido, y bonitamente se le sentaba encima del espinazo, lo mismo que en cómodo escabel, poniéndole las dos patas sobre las ancas, y agarrándose con las dos manos al pescuezo de la infeliz, a riesgo de estrangularla. En tan difícil posición se sostenía en equilibrio Coco, sirviéndole de entretenimiento el atizar de cuando en cuando a su víctima un mordisco cruel, un impensado zarpazo o una bofetada en los ojos. Ella, trémula, engurruminada, hecha un ovillo, se mantenía quieta, porque la menor tentativa de escapatoria le costaría mordiscos y lampreazos sin número. Era inconcebible que el verdugo no se fatigase de estar así en vilo, pero no se fatigaba, y permanecía enhiesto en su pedestal viviente, como los sátrapas orientales que extendían al pie de su trono una alfombra de cuerpos humanos. Si nos acercábamos a la jaula, ofreciendo a la pareja alguna finecilla de dulces o frutas, la zarpa de Coco era la que asomaba al través del enrejado de alambre, y sus papos los únicos donde iban a esconderse las fresas o las almendras presentadas al matrimonio. Por ventura, dominada del instinto de la golosina, intentaba Piña alargar la diestra, mientras en sus ojos mortecinos, de arrugado y sedoso párpado, brillaba una chispa de deseo; pero inmediatamente, los dientecillos del marido hacían presa en sus orejas, el bofetón caía sobre sus fauces, y todo estímulo de la gula cedía ante la presión del dolor y del miedo.

Miedo, ¿por qué? He aquí el problema que preocupaba, cuando me ponía a reflexionar en la suerte de la maltratada cubanita. Su marido, por mejor decir, su tirano, era de la misma estatura que ella; ni tenía más fuerza, ni más agilidad, ni más viveza, ni dientes más agudos, ni nada, en fin, sobre qué fundar su despotismo. ¿En qué consistía el intríngulis? ¿Qué influjo moral, qué soberanía posee el sexo masculino sobre el femenino, que así lo subyuga y lo reduce, sin oposición ni resistencia, al papel de pasividad obediente y resignada, a la aceptación del martirio?

Los primeros días, en una lucha cuerpo a cuerpo, sería imposible profetizar quién iba a salir vencedor, si el macho o la hembra, Piña o Coco. La hembra ni siquiera intentó defenderse: agachó la cabeza y aceptó el yugo. No era el amor quien la doblegaba, pues nunca vimos que su dueño le prodigase sino manotadas, repelones y dentelladas sangrientas. Era únicamente el prestigio de la masculinidad, la tradición de obediencia absurda de la fémina, esclava desde los tiempos prehistóricos. Él quiso tomarla por felpudo, y ella ofreció el espinazo. No hubo ni asomo de protesta.

Y Piña se moría. Cada día estaba más pálida, más flaca, más temblona, más indiferente a todo. Ya no se rascaba, ni hacía muecas, ni nos reñía, ni trepaba por la soga. Su débil organismo nervioso de criatura tropical se disolvía; la falta de alimento traía la anemia, y la anemia preparaba la consunción. Nosotros habíamos desempeñado hasta entonces el papel de la sociedad, que no gusta de mezclarse en cuestiones domésticas y deja que el marido acabe con su mujer, si quiere, ya que al fin es cosa suya; pero ante el exceso del mal, determinamos convertirnos en Providencia, y estableciendo en la jaula una división, encerramos en ella al verdugo, dejando sola y libre a la mártir.

Pintar los visajes y chillidos de Coco sería cuento de no acabar nunca. Al ver que le ofrecíamos a Piña golosinas y alimento, sus gritos de envidia y cólera aturdían la jaula. Y al pronto, Piña..., ¡oh hábito del miedo y de la resignación!, no se atrevía a saborear el regalo, como si aún al través de la reja, en la imposibilidad de hacerle daño alguno, le impusiese el déspota su voluntad. Con todo, según fueron pasando días, renació en Piña la confianza, lo mismo que en su desollado cogote brotaba nuevamente el pelo. Reflorecía su salud, engruesaba, sus ojos de ágata brillaban, sus dientes parecían más blancos, su rabo prehensil estaba muy juguetón, y sus manos traviesas retozaban fuera de los alambres, complaciéndose en espulgar, por vía de caricia, a todo el que se acercaba a su prisión. Si a esto se añade la proximidad del verano, lo suave de la temperatura, las frecuentes visitas del Sol a la galería de cristales donde teníamos la jaula, se comprenderá la dicha de la esposa de Coco, su alegría y su nueva juventud, revelada en lo fino de su pelaje y en lo rápido de sus movimientos y gesticulaciones.

Para mayor felicidad de Piña, nos trasladamos a La Granja, y allí se le permitió explayarse por los jardines, subiéndose a los árboles cuanto consentía el largo de una cadenita ligera. Ella danzaba por la copa de las acacias y entre el follaje de las camelias, soñando tal vez que el cielo era no azul celeste, sino turquí, que el bosquecillo de frutales se convertía en cerrado manglar, y que en el estanque nadaban, en lugar de rojos ciprinos, pardos caimanes que dejaban en el agua un rastro de almizcle.

Ya no la prendíamos en jaula; nos contentábamos con amarrar su cadena, de noche, a una argollita. Cierta mañana encontramos la argolla y algún eslabón roto de la cadena, pero a Piña, no. Apareció, después de largas pesquisas, en un alero del tejado, tiritando y medio muerta. Ebria de libertad y de luz, confundió las noches de Galicia con las luminosas y tibias noches antillanas, y el rocío, la niebla, el frío del amanecer la hirieron con herida mortal.

Expiró lo mismo que una persona, o, por mejor decir, que una criatura: tosiendo, gimiendo blandamente, con agonía estertorosa, vidriándose sus ojos y humedeciéndose sus lagrimales. Mis niños quisieron enterrarla solemnemente en el jardín; cavaron su fosa al pie del gran naranjo bravo, no lejos de un pie de salvia todo florido; depositaron el cuerpo envuelto en un paño blanco; lo recubrieron de tierra, echaron sobre la sepultura flores, conchas, hasta cromos y aleluyas, y mientras los dos mayores lloraban todas las lágrimas de su corazoncito piadoso, la pequeña, haciendo trompeta con el hocico salado y ensayando los gestos y pucheros que juzgó más adecuados para expresar el dolor, pronunció estas palabras, condena del sentimentalismo y fórmula de un carácter jovial y antirromántico:

—Yo también quería llorar por la mona. ¡Pero no puedo!

La Ilustración Artística, núm. 447, 1890.

La calavera

El chiflado habló así:

—Desde que, por imitar a Perico Gonzalvo, que la echa de elegante y de original, puse en mi habitación, sobre un zócalo de terciopelo negro, la maldita calavera (después de haberla frotado bien para que adquiriese el bruñido del marfil rancio), empecé a dormir con poca tranquilidad, y a sentirme inquieto mientras velaba. La calavera me hacía compañía y estorbo, lo mismo que si fuese una persona, y persona fiscalizadora, severa, impertinente, de esas que todo lo husmean y censuran nuestros menores actos en nombre de una filosofía indigesta y melancólica, de ultratumba. Cuando por las mañanas me plantaba yo frente al espejo para acicalarme, tratando de reparar, dentro de lo posible, el estrago de los cuarenta en mi rostro y cuerpo, no podía quitárseme del magín que la calavera me miraba, y se reía silenciosa y sardónicamente cada vez que aplicaba yo cosmético al bigote y traía adelante el pelo del colodrillo para encubrir la naciente calva. Al perfumar el pañuelo con esencia fina, al escoger entre mis alfileres de corbata el más caprichoso, oía como en sueños una vocecilla estridente, sibilante, mofadora, que articulaba entre la doble hilera de dientes, amarillos todavía, implantados en las mandíbulas: «¡Imbéciiil de vaniiiidoso!» Será una tontería muy grande; pero lo cierto es que me molestaba de veras.

Por las noches, al recogerme, noté que la calavera se ponía más cargante, entrometida y criticona. Su respingada nariz y su boca irónica, tan parecidas (salvo la carne) a la expresiva fisonomía de don *Cándido* Nocedal, me preguntaban y acusaban con una chunga despreciativa, capaz de freír la sangre al hombre más flemático: «¿Por dónde has andado, vamos a ver, grandísimo perdido, botarate de siete suelas? ¿Qué nido era aquel donde entraste esta tarde tan de ocultis? ¿Se puede saber quién te esperaba allí? ¿Y te crees buenamente, presumido, que con tu calvita y tus arrugas y tus cuarenta del pico estás ya para seducir a nadie? Por los monises, por las sangrías que te dan al bolsillo, campas tú, que si no... Vamos a ver: ¿qué te sacaron hoy con tanta zaragatería de la cartera? ¿No fue un billete de a cien? ¿No salió luego otro de a cincuenta por contrapeso? ¡Ah, memo Paganini, caballo blanco! ¡Lo que se divertirán con ese dinero a cuenta tuya!...»

Le aseguro a usted que la calavera, en este punto, entreabría el tenazón de sus mandíbulas, y se reía bajo, sin que las ondas de su silenciosa carcajada agitasen el aire. Apretando los dientes otra vez y adoptando el énfasis doctoral de quien sermonea sobre las miserias y locuras del mundo —mientras yo procedía a mis abluciones nocturnas o buscaba en el armario de Luna la camisa de dormir—, continuaba:

—Y después, ¿a qué más andurriales te condujo tu flaqueza? Lo sabemos, lo sabemos, aunque usted se lo tenga muy bien callado. Al Congreso, a adular al ministro Calabazote y al general Polvorín. A arrastrarte por los suelos, a ofrecerte incondicionalmente para todo lo que te ordenen y manden, a mendigar un distrito, ese soñado distrito que nunca llega, ni llegará, porque a ti te emboban con buenas palabritas y te sostienen hace cuatro años con la boca abierta esperando el higuí... Del Congreso... ¡No me lo niegues, porque estoy muy bien informada! Del Congreso te fuiste a la Redacción de El Estómago, diario ministerial que cobra cinco subvenciones y media, a que te insertasen un sueltecito de tu puño, donde te das bombo, incluyéndote en el grupo de personas caracterizadas que se disponen a prestar incondicional apoyo a la política de nuestro ilustre jefe Calabazote. Y a renglón seguido...

Aquí me revolví furioso contra la intransigente censora, diciendo:

—Bueno, ¿a renglón seguido, qué? Y a renglón seguido me fui a comer con unos amigos... ¡Me parece que cosa más inocente y natural!...

—¡Tate, tate! —replicaba la calavera insufrible—. Las cosas dichas así parecen lo más sencillito... Pero a mí, no me la das tú, aunque vuelvas a nacer cien veces... Ya soy vieja. Ya se me ha caído todo el pelo. La experiencia me hace sagaz. Fuiste a comer en casa del banquero Tagarnina, no porque sea amigo tuyo ni porque le estimes, pues bien persuadido estás de que su riqueza la granjeó arruinando a muchos infelices y saqueando al país con contratas y empréstitos, sino porque tiene buen cocinero y exquisita bodega, y también porque su mujer, ¡que es una mujer de patente!, has soñado tú que te mira con buenos ojos..., cuando lo que hay es que los tiene preciosos, y no ha de ponerse a bizcar si los fija en tu cara. La verdad desnuda... ¿A que no se te ocurre ir a hacer penitencia con tus amigos los de Martínez, que te ofrecerían un modesto pucherito? Tagarnina ya es otra cosa; aquel borgoña añejo..., aquel rin de principios de siglo..., aquellas trufas de la poularde... Vamos, que aún se te hace agua la boca, compañero, si de eso te acuerdas... ¿Eh? ¡Qué magníficas estaban! Aún te relames epicúreo... Y ahora, ¿qué tal? ¿Vas a acostarte para digerirlas como un prior?

¡Acostarme! No, y ello es que no había más remedio. Encendida mi lamparilla, entreabría con cuidado las sábanas, me descalzaba, y ¡zas!, me hundía en el lecho blando. El primer momento era de bienestar incomparable. Mi cuarto y todos mis muebles son confortables y regalones, como de solterón egoísta que adorna y prepara un rincón a su gusto, a fin de vivir en él hecho un papatache, saliendo fuera a comer y almorzar y teniendo su criadito que por las mañanas limpie y arregle. En la cama había puesto especial cuidado, considerando que la mitad de nuestra vida se desliza en ella. La lana más rica, para el colchón; el plumón más caro, para edredones y almohadas; mantas suaves, que se ciñen al cuerpo y no pesan; un cubrecama antiguo, de seda bordada de colores; en suma: una cama de arzobispo que padece gota y se levanta tarde. ¡Ay! ¡Qué bien me sabía la camita deliciosa, antes que por rutina, por ese espíritu de plagio, que es el cáncer de nuestra sociedad, incurriese yo en la tontuna de traerme a mi cuarto una porquería como la dichosa calavera!

Apenas empezaba a conciliar el primer sopor entre el grato calorcillo de las amorosas mantas, la calavera, antes tan campechana y bromista, mudaba de registro, se ponía trágica y balbucía —en honda y cavernosa voz, que sonaba cual si girase entre las descarnadas vértebras por falta de laringe— cosazas pavorosas y tremendas. De las cuencas llenas de sombra parecía brotar diabólica chispa. Los dientes castañeteaban como estremecidos por el pavor. Yo sepultaba la cabeza entre las sábanas temiendo oír; pero el caso es que oía, oía; la voz de la calavera penetraba al través de aquel muro de lienzo, y, deslizándose como una sierpe en el hueco de mis oídos, llegaba a mi cerebro excitado por el estúpido temor y la sugestión del insomnio, que se convierte muy luego en el insomnio mismo.

—¡Hola! ¿Qué es eso? ¿No duermes, no te entregas como otras veces al placer de roncar a pierna suelta, después de hacer tu gusto todo el santísimo día? ¿Es acaso mi proximidad lo que te desvela? ¡Ah bobo! ¡Inconsecuente! ¿Pues no piensas tú, para mayor comodidad tuya, para quitarte los escrúpulos y vivir según te acomoda y no privarte de nada, que yo soy únicamente un poco de fosfato de cal, la cáscara de una nuez ya digerida por el tiempo? Pues si soy eso, ¿por qué cavilas tanto en mí, hombre pusilánime? ¿Hase visto fantasmón? Explícame por qué se te ocurre a veces cavilar qué será de mi alma, por dónde andará rodando. Con que mucho de despreocupación, y espíritu fuerte, y materialismo de Cervecería Inglesa y Café de Viena, y apenas apaga usted la palmatoria ya le tenemos acordándose de...

Los dientes de la calavera —o tal vez los míos— se entrechocaban con fuerza convulsiva, y salían entrecortadas estas dos palabras tremendas: «¡La Muerte!... ¡El Infierno!»

La calavera prosiguió más bajito aún:

—El Infierno... quedamos en que no crees en él. ¿Creer en esas papas? Está bueno para las viejas y los niños. Un hombre como tú, ilustrado, moderno, se ríe de semejantes farsas. ¿Tenazazos, llamas, calderas, gemidos, demonios rabudos, eternidad de penas? A otro perro con ese hueso. Corriente: descartemos el Infierno... Mandémoslo retirar a toda prisa. No sirve ya. Al cesto con él...

Daba yo una vuelta en la cama, buscando postura mejor, y la calavera susurraba:

—Pero lo que es en lo otro..., en la de la guadaña... Vamos, lo que es en ésa... crees a puño cerrado. ¿Acerté?

Un soplo glacial acariciaba mis sienes. En la raíz de mis cabellos, gotitas de sudor se cuajaban. Mis nervios, encalabrinados, gritaban con furia «Cualquiera duerme hoy.»

—Vamos, que de esta vez he puesto el dedo en la llaga —recalcaba la calavera—. ¿A que sí? No la eches de guapo, compañero; aquí no estamos a engañarnos... Nos conocemos, camará. Tus medranitas te pasas de cuando en cuando, acordándote de la hora que ha de sonar sin remedio alguno... Porque ¡mira tú qué cosa más diabólica! Nunca te llegará, probablemente, la de salir diputado, gracias a la influencia de Calabazote; es regular que tampoco suene la de tu primera cita con la señora de Tagarnina, el banquero; casi puede jurarse que no verás la de cobrar aquel pico que te deben, ni la de que te adjudiquen la hacienda del Encinarejo, ni la de colgarte la gran cruz, ni ninguna de esas horitas que tu vanidad desea... ¡Pero, en cambio, la hora..., aquella en que no quieres pensar nunca..., aquella que te empeñas en suprimir con la imaginación...; lo que es ésa..., aunque se descompongan todos tus relojes..., ha de sonar, más fija, más puntual..., más exacta! ¡Ni un segundo de atraso..., ni uno!

Temblor general se apoderaba de mis miembros, y en las sienes parecía que me pegaban furibundos martillazos.

—Hace pocos días —continuaba la voz— viste morir de una pulmonía fulminante al bueno de Paco Soto. La víspera de caer en cama corristeis una broma en Fornos con la Belén Torres... ¡Ya ves si tengo yo informes! A mí no se me escapa ni esto... ¡Cuánto se reía Paquillo! Bueno; pues tú llevaste una cinta de su féretro... ¿No te acuerdas? Y estuviste en la Sacramental, y viste cómo le metieron en el nicho... ¿A ti te gustaría que te soplasen en un nicho? ¿A que no? Más calentita está la cama tuya... y más blanda..., ¿eh? Pero lo del nicho tiene que llegar... Y ¿qué me dices? ¿Por dónde andará Paco Soto, con aquellas guasas que gastaba y aquella afición suya a cazar y a comer y a beber seco? ¿Crees tú que es enteramente imposible que el alma de Soto...? ¡Ah! No me acordaba de que eso del alma se te hace a ti muy duro de tragar..., muy durillo. Bueno; admitido que eso del alma... Pero si en cerrando el ojo se acaba toda la fiesta, ¿por qué diantres me tienes así... este respetillo..., este pavor..., este...? Mira..., ahora calo yo tu conciencia, hasta lo más hondo de ella... Mañana has determinado echarme al pozo... ¡Qué vergüenza!... ¡Cobarde! Me has cogido miedo, miedo supersticioso, pero cerval... ¡Ja, ja! Miedo, miedo. Como se lo tienes a lo otro..., al final..., al desenlace de la comedia... Por eso me echarás al pozo; porque yo soy una vocecita misteriosa que te habla de lo que hay por esos mundos desconocidos..., y, mal que te pese..., ¡chúpate esa!, reales, reales..., reales.

Me incorporé en la cama, con los pelos erizados.

—Bribona, mañana te juro que te vas por la ventana a la calle. Espantajo del otro barrio, yo te ajustaré las cuentas. A tu sitio, que es la tierra; a pudrirte, a disolverte, a hacerte polvo impalpable. Lo que es de mí no te ríes tú. Ahora... a la perrera, a la leñera... A la basura, que es tu sitio.

Encendí fósforos, la palmatoria, el quinqué... Así el cráneo y lo arrojé con ira al cajón de la leña. Lo célebre es que no me atreví a volver a acostarme. Pasé el resto de la noche en un sillón, azorado, nervioso, como si custodiase el cuerpo de un delito, la prueba de un crimen. Rayó el alba, y en el mismo sillón concilié algunos minutos de agitado sueño. Así que fue día claro, saqué la calavera, que me pareció a la luz del día un trasto ridículo: la envolví en un número de La Correspondencia; salí de casa, tomé un simón y dí orden de ir por la ronda de Embajadores, hasta topar con un sitio retirado. Cerca de unas yeserías arrojé el bulto, que al caer dio contra una piedra, y desenvolviéndose del periódico, rebotó con ruido seco y lúgubre.

—¡Ah recondenada calavera! Ya no volverás a darme quehacer. Poco me importa que creas que te temo... No es a ti, fúnebre espantajo; es a mi propio, a mi imaginación, a mi cabeza loca, a quien tengo un poco de miedo; por lo demás... Ahí te quedas, hasta que te descubra algún chicuelo que juegue contigo a la pelota...

¡Con qué gusto me metí aquella noche en la cama! Iba a dormir, a reposar deliciosamente...

—¿Y reposó usted?

—¡Ay señora! —contestó a mi interrupción el chiflado—. La calavera ya no estaba en su zócalo de terciopelo... ¡Pero si viese usted! De la habitación no había salido. Estaba más cerca de mí, estaba precisamente en el sitio de donde yo quise arrojarla. ¡Aquí, aquí! —repitió, golpeándose la frente y el pecho.

Nuevo Teatro Crítico, núm. 29, 1893.

Cuatro socialistas

Por extraordinario, estaba la mar como una balsa de aceite. Las olas, de un verde vítreo alrededor de la embarcación, eran, a lo lejos, bajo los rayos del Sol, una sábana azul, tersa y sin límites. La hélice del vaporcillo batía el agua con rapidez, alzando, entre olores de salitre, espuma bullente y rumorosa.

De los pasajeros que se habían embarcado en Cádiz con rumbo a las africanas costas, cuatro, agrupados en la popa, conversaban. No se ha visto cosa más heterogénea que las cataduras de los cuatro. Uno era membrudo y rechoncho, y a pesar de vestir la holgada blusa del obrero, a tiro de ballesta se le conocía ser de aquellos del brazo de hierro y de la mano airada, y que había de caerle bien a su tipo majo el marsellés y el zapato vaquerizo. Gastaba aborrascadas patillas negras, y chupaba un puro grueso y apestoso. El otro, caballero por su ropa, y por sus trazas, era alto y descolorido, de cara inteligente y seria; sus ojos miopes, fatigados, de rojizo y lacio párpado, los amparaban lentes de oro. El tercero era un viejecito, tan viejecito, que le temblaba la barba al hablar, y la falta de diente le sumía la boca debajo de la nariz; y si no mentía el burdo sayalote negruzco, el manto de la misma tela y color, con cruz roja, el cordón de triple nudo y las sandalias, pertenecía a alguno de los numerosos colegios de Misioneros Franciscanos establecidos en el litoral de África. El cuarto..., es decir, la cuarta, llevaba el desairado hábito de las Hermanitas de los Pobres; era joven, coloradilla, de cara inocentona y alegre, parecida a la de ciertas efigies de palo que se ven en los templos de aldea. El obrero estaba sentado sobre un fardo, con las piernas muy esparrancadas; los demás, de pie, reclinados en la borda.

—Pues na, que el hombre se cansa de vivir a la sombra y aguantando mal quereres —gruñía el de la blusa, ceceando y escupiendo de costado—. O ha de ser un borreguiyo que diga amén a cuanto se le antoje al patrón, y se deje chupar la sangre toda, o ya sa fastidiao. Y aluego le cuelgan a usté el sambenito; que levanta usté de cascos a los demás, y que donde está usté se armó la gresca. Porque me vieron en un mitin, ya too Dios que se desmandaba tenía yo la culpa. Porque un día cae una pelotera cerilla..., un descuido..., en el almacén, y se alsa una llamará que se quería tragar la fábrica..., ¿quién había de ser? Curro, y aposta. Yasté ve que... fumando.

—Pues mucho cuidadito —respondió el de los lentes— con que en el gran establecimiento agrícola industrial en que le daré a usted trabajo caiga cerilla ninguna... ¿eh? Porque yo tengo tan malas pulgas como los patronos.

—Y es la fija; toos los burgueses, idénticos —declaró el obrero con voz opaca y sombrío mirar.

—No soy burgués —repuso con imperceptible desdén el aludido—. Mi padre hacía zapatos en Écija. A fuerza de privaciones me dio carrera. Seguí la de ingeniero mecánico. No poseo un céntimo de capital; solo tengo mi cabeza y mi corazón. Paso al África a dirigir en parte una empresa que se funda con dinero inglés y brazos españoles, a competencia con las industrias francesas, que son allí las boyantes. Estaré al frente de los talleres. Se me ha dado carta blanca, y podré aplicar las nuevas y humanitarias ideas sociológicas relativas a la vida fabril. Bajo mi dirección no habrá explotados. Se amparará a la mujer y al niño. Se ensayará la cooperación. Moralidad, equidad, justicia. Si no, dejo el puesto. Pero... ¡al que me revuelva el cotarro..., sin escrúpulo ninguno, y como a un lobo rabioso..., le salto la tapa de los sesos! Usted verá si le trae cuenta entrar en mis talleres.

Habíase puesto en pie el obrero, y en sus morenas facciones y por su frente de bronce, expuesta al Sol, corrían como olas encrespadas arrugas profundas, surcos de odio. Su mano se crispó en la cintura, señalando bajo la blusa el relieve de la ancha navaja cabritera. Mas de pronto, y sin transición, con la movilidad del meridional, adoptó expresión halagüeña, melosa, casi humilde y dirigiéndose al franciscano y a la hermanita más que al de los lentes, exclamó:

—¡Pues no que no entraría! Clavos timoneros soy capaz de arrancar con los dientes pa enviar algo de parné a la mujer y a los chiquititiyos. El corazón traigo como una lenteja, de que se me queden allá hambreando, después de tantas crujidas y tantas necesidades como aguantaron ya en este pinturero mundo. En especial la gurruminiya de once meses me la llevaría yo, si pudiera, en los hombros, como San Cristóbal, y le daría yo tortas de almíbar amasás con mi sangre. ¡Por éstas!

Y al besar la cruz de los dedos, una lágrima asomó repentinamente a los lagrimales del anarquista incendiario.

—¡Válganos la Virgen Santísima, qué desgracias hay en la tierra! —exclamó la hermanita con simpatía profunda.

—Eso está muy bien —pronunció con calma el ingeniero—. Quiera usted mucho a sus chicos, y trabaje para ellos, y no se ladee, y le irá mejor. De los atentados y los crímenes no nace la justicia social. ¿A que el padre está conforme? —añadió, dirigiéndose al franciscano.

—Entiendo poco de estas novedades de ahora —contestó el fraile afablemente, en su voz cascada y lenta—. Yo, con decir misa, confesar y obedecer... Lo único que sé es que nosotros, desde hace quinientos años, vivimos bajo el sistema de la comunidad de bienes. Por nosotros, aunque todo se repartiera... Ya ve usted: no podemos poseer ni el valor de un céntimo; no somos propietarios ni aun del sayal que nos cubre. Si usted me pregunta sobre eso, de que tanto se habla del socialismo..., un pobrecito fraile como yo, lo único que opina es que los ricos, por su propia conveniencia y para ganar el cielo, deben ablandarse de entrañas y dar mucha limosna..., y los pobres ser resignados y laboriosos, porque dice el Evangelio que pobres siempre los habrá en el mundo, siempre...

—Bonito conzuelo e tripaz —gruñó el anarquista.

—¿Qué hizo nuestro santo patriarca? —prosiguió el viejecito con una llama de entusiasmo en las pupilas—. Dio cuanto tenía a los pobres... No quiso propiedad, no quiso dinero, porque la codicia es la que estraga el corazón... Nos descalzó, nos mandó pedir limosna... Quiso que todos fuésemos iguales, sin vanidades ni distinciones ni soberbias tontas, que se han de acabar en el sepulcro... ¿Hablan de nivelación social? Me parece que para nivelados... Que lo diga aquí la hermanita; es cosa muy buena el ser libre y pobre; el dar de puntapiés, así, como la sandalia, al mundo y a las riquezas malditas.

—¡Ay padre! —respondió la simplona—. Ya que pregunta a servidora... si no me regaña..., le diré mi parecer. No soy como usted. Soy muy codiciosa. ¡Vaya si me gustaría que se repartiesen tantos millones como andan por ahí mal empleados! Cogería servidora un par de cientos de milloncitos... y ¡anda con ella!

—¡Hermana Belén! —advirtió severamente el fraile.

—¡Pero, padre Salvador!, usted es un santo, y como un santo, ni ve, ni oye, ni entiende. ¿Ha estado en Madrid, en alguno de esos palacios tan atroces? Servidora, sí..., que me llevó la mujer del cochero a ver las cuadras de aquel grandísimo que está junto a Recoletos..., antes de la Castellana. ¡Padre del alma! Hasta espejos y fuentes, y pilas de mármol blanco, y alfombras tenían los caballos allí. ¡Y nuestros ancianitos sin mantas con que abrigarse en el invierno, arrecidos, tiritando! ¡Y los niños, ángeles míos, traspillados de miseria! No me llame tonta...; yo sé lo que me digo... Había un perrito de la señora marquesa, que me lo trajeron en un cesto acolchado de raso, y era un bicho horrible..., con unos pelos..., una rata me pareció, tanto, que servidora pegó un chillido, así: «¡Huy!» Pues el perro había costado allá en Inglaterra cinco mil pesetas... ¿Usted lo oye, padre? Cinco mil... Con cinco mil pesetas se echan los cimientos del asilo para los ancianos... ¡Y al avechucho aquel me lo lavaban con jabón y agua de olor todos los días!... ¡Que si quiero reparto!

La carita de madera se había transfigurado; una ráfaga de pasión hacía brillar los ojos, fruncirse las cejas, palidecer las mejillas y dilatarse la nariz redonda.

—Si no fuera tan sencilla como es, hermana Belén, ahora merecería una peluca gorda —contestó el fraile—. Baje, baje a la cámara a ver cómo sigue del mareo la compañera.

La monjita obedeció, cruzando las manos, y echó a andar, sonándole las cuentas del rosario cuando bajaba la escalera. El vapor volaba, como si le animase la proximidad de la costa.

A lo lejos se divisaba ya el faro de Tánger.

El Liberal, 1 de mayo de 1893.

El tesoro

Lo que voy a referir sucedió en el país de los sueños. ¿Verdad que algunas veces gusta echar un viajecillo a esta tierra encantada, de azules lejanías, de irisadas playas, de bosques floridos, de ríos de diamantes y de ciudades de mármol, ciudades donde nada deja que desear la Policía urbana, ni el servicio de comunicaciones, ni el tiempo, que siempre es espléndido; ni la temperatura, que jamás sopla el trancazo y la bronquitis?

En tan deliciosa comarca vivía una moza como un pino de oro, llamada Inés. Quince mayos agrupaban en su gallarda persona todas las perfecciones y gracias de la Naturaleza, y en su espíritu todos los atractivos misteriosos del ideal. Porque instintivamente —supongo que lo habréis notado— atribuimos a las niñas muy hermosas bellezas interiores y psicológicas que correspondan exactamente a las que en su exterior nos embelesan. Aquellos ojos tan claros, tan nacarados y tan húmedos de vida, no cabe duda que reflejan un pensamiento sin mancha, comparable al ampo de la misma nieve. Aquella boca hecha de dos pétalos de rosa de Alejandría, solo puede dar paso a palabras de miel, pero de miel cándida y fresca. Aquellas manitas tan pulcras, en nada feo ni torpe pueden emplearse: a lo sumo podrán entretejer flores, o ejecutar primorosas laborcitas. Aquella frente lisa y ebúrnea no puede cobijar ningún pensamiento malo: aquellos pies no se hicieron para pisar el barro vil de la tierra, sino el polvo luminoso de los astros; aquella sonrisa es la del ángel... ¡Acabáramos! Esta es la palabra definitiva: de ángeles se gradúan todas las doncellitas lozanas, y de brujas todas las apolilladas y estropajosas viejas: que así como así el alma no se ve por un vidrio, sino envuelta en el engañoso ropaje de la forma, y si Carlota Corday no es linda, en vez del ángel del asesinato le ponen el demonio.

De lo dicho resulta que Inés poseía y ostentaba el diploma de angelical, y no solo lo poseía, sino que era digna de él. Sus ojos radiantes, su ingenua boca entreabierta, su frente sin una nube, no mentía, no. Inés no sabía jota de lo malo. Imaginaos una tabla rasa donde nada hay escrito: suponed un lienzo sin una sola mácula; figuraos un pajarito de plumas blancas, al que ni por casualidad le encontraríamos una de medio color, y tendréis apropiada imagen de lo que eran el alma y el corazoncito y los sentidos y las potencias de Inés.

Con todo eso, y dado que a fuer de biógrafo puntual y exacto no quisiera errar ni en una coma, he de confesaros que allá en el más escondido camarín del pensamiento de la niña había... ¿qué? ¿El pelito invisible que rompe el cristal? ¿El globulito de ácido que corroe el acero? Menos que eso... Una curiosidad.

Es el caso que yendo Inés cierta tarde de paseo por las orillas del riachuelo, festoneadas de anémonas, espadañas y gladiolos, en un remanso formado por dos peñascos que casi se tocaban, vio que hacia la base de las rocas abríase la bocaza de una cueva oscura. Mirando estaba al antro y cavilando qué podría ocultar en su seno, cuando del agujero se destacó una figura humana, un anciano de melena gris, túnica morada, gorro puntiagudo, varilla en cinto y, en suma, toda la traza de un nigromante de comedia. Acercóse el brujo a la niña, y con sonrisilla de malignidad le entregó un cofrecito de preciosa filigrana, incrustado de corales y esmaltado de raros signos negros y desconocidos caracteres. Inés, que no podía más de miedo, iba a rehusar la dádiva del brujo, pero éste, con razones muy perfiladas y tono de autoridad, le mandó que se guardase el cofre, añadiendo que era un obsequio que le destinaba, ya que se había acercado tanto a la cueva, donde no entraba ningún ser humano.

—El cofrecito —añadió— es de por sí un tesoro; pero contiene otro más inestimable aún; como que encierra el tesoro de tu inocencia. No pierdas nunca ese cofre, no lo abras, no lo rompas, no lo regales, no lo vendas, no te apartes de él un minuto, y adiós, y que seas muy feliz, Inesilla. ¡Ay! Desde que te he visto..., créelo, me pesan más las tres mil navidades que ayer cumplí.

Volvióse el mágico a su caverna, e Inés regresó a su casa con el cofrecillo muy agarrado, sin atreverse ni a mirarlo casi. Le parecía tan bonito y tan frágil, que temía se fuese a evaporar. Lo depositó en sitio seguro, y desde aquella misma hora la inevitable curiosidad empezó a tentarla, dictándole monólogos del tenor siguiente:

—Bueno, ya sé que no debo abrir ni romper ese cofrecito. Corriente: no lo abriré, ni lo romperé. Pero ¿y si Dios quiere que se abra solo? Lo que es entonces..., entonces sí que, pese a quien pese, me entero de lo que hay guardado en él. ¿Se abrirá? Dios mío, ¡que se abra! La estantigua del brujo aquel me dijo que el cofre encierra mi inocencia. Eso precisamente es lo que me hace rabiar. Si me hubiese dicho que encerraba una flor, una alhaja, una mariposita, una cinta, un pomo de esencia..., ¡bah!, entonces, un comino se me importaría verlo. ¡Pero mi inocencia! Si no tuviese curiosidad, sería yo de palo. ¿Cómo será una inocencia? Nunca me enseñaron por ahí inocencia alguna. ¿Será verde? ¿Será azul? ¿Será colorada? ¿Será larga? ¿Será redonda? ¿Será linda? ¿Será horrible? ¿Pícara? ¿Tendrá veneno? ¿Será un gusano? ¿Será...? ¡Válgame Dios! ¡Pues si ya me ha levantado jaqueca la inocencia maldita!

En estos dares y tomares y cavilaciones y discursos andaba Inés, y todos venían a parar en ganas de mandar a paseo las prohibiciones del mágico y abrir el cofrecillo, en vista de que ninguna probabilidad tenía a su favor la hipótesis de que solo y por su propia virtud se abriese. No obstante, el recelo la contenía y el encantado cofre permanecía intacto.

Ahondando más en sus meditaciones, Inés se resolvió a salir de dudas sin infringir la ley, y empezó a preguntar a sus amigas y amigos qué hechura tenía la inocencia, de qué color era y para qué servía. Con gran sorpresa y mayor disgusto notó que nadie le respondía acorde, ni le proporcionaba el menor dato que pudiese guiarla a su indagación. Unos fruncían la boca, bajaban la vista y se quedaban perplejos; otros se reían, mitad con fisga y mitad con lástima; alguno la reprendió por venirse con tales preguntas, impropias de una niña formal y honrada, con lo cual, Inés, muy compungida, lloró de vergüenza, ignorando qué clase de delito había cometido para que la tratasen así.

Convencida ya de que nadie le diría más que chirigotas o cosas duras, atormentada por el enigma que se cifraba en el cofrecillo, la niña se desmejoró, se sintió atacada de inquietud febril, y, a ratos, de ese marasmo profundo que sigue a las reacciones violentas de la voluntad. Porque no hay cosa de más tormento para el espíritu que la acción concebida, deseada y no ejecutada, y ése es el mal terrible de Hamlet: la indecisión. En verdad os digo que si Hamlet fuese mujer, no se vuelve loco por estancación de la voluntad. La mujer es más resuelta: quiere y hace. Inés, al sentirse enferma, quiso sanar, y una mañana sola, trémula, rompió la cerradura del cofrecillo del mago.

Alzó la tapa, aquel velo de Isis... ¡Oh asombro! En el fondo del cofrecillo no había cosa alguna... Repito que nada; ni rastro, ni ostugo, ni señal del cacareado tesoro. La atónita Inés únicamente creyó ver que por el aire se dispersaba una leve y blanquecina columna de humo... Al mismo tiempo, los desconocidos caracteres de esmalte negro que adornaban los frisos del cofrecillo se aclara-

ban hasta convertirse en signos del alfabeto que poseía Inés, la cual, abriendo mucho los ojos, leyó de corrido:
 «Cuando sepas lo que es la inocencia, será que la perdiste.»
 El Liberal, 6 de abril de 1893.

La paloma negra

Sobre el cielo, de un azul turquí resplandeciente, se agrupaban nubes cirrosas, de topacio y carmín, que el Sol, antes de ocultarse detrás del escueto perfil de la cordillera líbica, tiñe e inflama con tonos de incendio. Ni un soplo de aire estremece las ramas de los espinos; parecen arbustos de metal, y el desierto de arena se extiende como playazo amarillento, sin fin.

Los solitarios, que ya han rezado las oraciones vespertinas, entretejido buen pedazo de estera y paseado lentamente desde el oasis al montecillo, rodean ahora al santo monje del monasterio de Tabenas, su director espiritual, el que vino a instruirlos en vida penitente y meritoria a los ojos de Dios. De él han aprendido a dormir sobre guijarros, a levantarse con el alba, a castigar la gula con el ayuno, a sustentarse de un puñado de hierbas sazonadas con ceniza, a usar el áspero cilicio, a disciplinarse con correas de piel de onagro y permanecer horas enteras inmóviles sobre la estela de granito, con los brazos en cruz y todo el peso del cuerpo gravitando sobre una pierna. De él reciben también el consuelo y el valor que exigen tan recias mortificaciones: él, a la hora melancólica del anochecer, cuando el enemigo ronda entre las tinieblas, los entretiene y reanima contándoles doradas y dulces historias y hablándoles del fervor de las patricias romanas, que se retiraron al monte Aventino para cultivar dos virtudes: la castidad y la limosna. Al oír estos prodigios del amor divino, los solitarios olvidan la tristeza, y la concupiscencia, domada, lanza espumarajos por sus fauces de dragón.

Pendientes de la palabra del santo monje, los solitarios no advierten que una aparición, bien extraña en el desierto, baja del montecillo y se les aproxima. Una carcajada fresca, argentina y musical como un arpegio, los hace saltar atónitos. Quien se ríe es una hermosa mujer.

De mediana estatura y delicadas proporciones, su cuerpo moreno, ceñido por estrecha túnica de gasa, color de azafrán, que cubre una red de perlas, se cimbrea ágil y nervioso, como avezado a la pantomima. Ligero zueco dorado calza su pie diminuto, y su inmensa y pesada cabellera negra, de cambiantes azulinos, entremezclada con gruesas perlas orientales, se desenrosca por los hombros y culebrea hasta el tobillo, donde sus últimas hebras se desflecan esparciendo penetrantes aromas de nardo, cinamomo y almizcle. Los ojos de la mujer son grandes, rasgados, pero los entorna en lánguido e iniciativo mohín; su boca, pálida y entreabierta, deja ver, al modular la risa, no solo los dientes de nácar, sino la sombra rosada del paladar. Agitan sus manos crótalos de marfil, y saltando y riendo, columpiando el talle y las caderas al uso de las danzarinas gaditanas, viene a colocarse frente al círculo de los anacoretas.

Algunos se cubren los ojos con las manos o se postran pegando al polvo la cara. Muchos permanecen en pie, hoscos, ceñudos, con las pupilas vibrando indignación. Uno, muy joven, tiembla, palidece y se coge a la túnica de piel de cabra del monje santo. Otro se desciñe las disciplinas de cuero que lleva arrolladas a la cintura con el ánimo de flagelar a la pecadora, y destrozar sus carnes malditas. El santo les manda detenerse por medio de una señal enérgica y, acercándose a la danzarina, exclama sin ira ni enojo:

—Hermana mía, ya sé quien eres. No te sorprendas: te conozco, aunque nunca te he visto. Sé también a qué vienes, y por qué nos buscas en esta soledad. Lo sé mejor que tú: tú crees que has venido a una cosa, y yo en verdad te digo que vienes, sin comprenderlo, a otra muy distinta. Hermanos, no temáis a la hermana: admirad sin recelo su hermosura, que al fin es obra de nuestro Padre. Miradla como yo la miro, con ojos puros, fraternales, limpios de todo infame apetito. ¿Sabéis el nombre de esta mujer?

—Yo, sí —contesta sordamente el jovencito, sin alzar la vista, sin soltar la túnica del monje—. Es la célebre cómica y bailarina a quien en Antioquía dan el sobrenombre de Margarita. Todos la adoran; Padre mío, todos se postran a sus pies; su casa parece templo de un ídolo, donde rebosan el oro y la pedrería. El diablo reside en ella y las abominaciones la ahogan y la arrastran al infierno. Retirémonos a nuestras chozas. Esta mujer infesta el aire.

El monje guarda silencio. Por último, y dirigiéndose a la comedianta, que ya no agita los crótalos ni ríe, murmura con bondad, casi familiarmente:

—Mujer, te llaman Margarita por tu beldad y porque tus amadores te han cubierto de perlas. Posees tantas como lágrimas hiciste derramar. Tus cofrecillos de sándalo y plata están atestados de riquezas. Por cada perla de esas que ganaste con el vicio, yo te anuncio que has de verter un río de lágrimas. No me mires con terror. Yo te amo más que esos que te ciñeron las sartas magníficas y te colgaron de las orejas soles de diamantes. Sí, te amo, Margarita; te esperaba ya. Ayer noche, cuando rodeada de diez a doce libertinos beodos apostaste que vendrías aquí a tentarnos, yo velaba y hacía oración en mi choza. De pronto, vi entrar por la ventanilla, revoloteando, una paloma, que más parecía un cuervo..., porque no era blanca, sino negrísima. La paloma se me posó en el hombro, arrullando y su pico de rosa me hirió aquí. Mira —el monje, apartando la túnica, muestra en el velludo pecho una señal, una doble herida roja, un profundo picotazo—. Cogí la paloma, y en vez de hacerle daño la sumergí en el ánfora donde conservamos el agua bendita para exorcizar. La paloma empezó a soltar su costra de negro fango y, blanqueando poco a poco, vino a quedar como la más pura nieve. Limpia ya, se me ocultó en el pecho..., durmió allí al calor de mi corazón amante, y por la mañana no la vi más. Tú eres ahora la paloma negra. Tú serás bien pronto la paloma blanca. Vuélvete a Antioquía; en la primera hondonada te aguardan tu silla de manos y sus portadores, y tu escolta y tus amigos y tus aduladores viles... Pero volverás, paloma mía negra; volverás a lavarte... ¡Hasta luego!

La danzarina mira al santo, incrédula, propensa todavía a mofarse, pero sintiendo la risa helada en la garganta y a la vez contemplando con horror y curiosidad la barba enmarañada y larga hasta la cintura, las demacradas mejillas, los brazos secos y descarnados y los ojos de brasa del asceta.

—¡Hasta luego, hermana! —repite él gravemente.

Y con el dedo señala a la ladera del montecillo.

• • •

Pasan cuatro años. El santo monje, acompañado del joven solitario que con tanto miedo se agarraba a su túnica, va a orar a los lugares donde murió Cristo, y al pasar por el monte Olivete, poblado también, como el yermo, de gentes consagradas a la penitencia, se detiene ante una choza tan reducida, que no se creería vivienda de un ser humano. Al punto se abre una reja y asoma un rostro espantoso, el de una mujer momia, con la piel pegada a los huesos, los labios consumidos y los enormes ojos negros devastados por el torrente de lágrimas que sin cesar mana de ellos y cae empapando el andrajoso ropaje y el pelo revuelto, desgreñado y cubierto de polvo.

—¿De qué color estoy, padre mío? —pregunta con ansiedad infinita, en voz cavernosa, la penitente—. ¿Negra aún?

—Más blanca que la azucena; más que la túnica de los ángeles —responde el monje, e inclinándose con ternura imprime en la frente de la arrepentida el cristiano beso de paz; vuélvese después hacia el discípulo, que torvo aún por el rencor de las viejas tentaciones tiene fruncido el ceño, y murmura—. ¿No recuerda lo que dijo el Señor? Las mujeres a quienes los fariseos llaman perdidas nos precederán en el reino de los cielos.

Para que no dudéis de la verdad de las palabras del monje, añadiré que ésta es, sin variación esencial, la leyenda de la bienaventurada santa Pelagia, a quien hoy veneramos en los altares, y a quien apodaban La Perla cuando aplaudía sus pecaminosas danzas la capital de la tetrópolis de Siria.

El Imparcial, 24 de abril de 1893.

Sedano

Dos años hacía que despachábamos juntos en la misma oficina, mesa con mesa, y aún no había yo podido averiguar gran cosa respecto al buen Sedano, viejecillo flaco, temblón, de labio colgante, con los ojos siempre turbios y húmedos, pero tan exacto, tan asiduo, tan formal, tan complaciente hasta con el último meritorio —con el público no hay que decir— que se le tenía por un infelizote de esos que provocan a risa. Era el viejo, a no dudarlo, lo que yo llamaría un humillado y un vencido; hombre que de plano y en conciencia se juzga inferior a los demás, y pide con su actitud que se le conserve de limosna el último puesto que ocupa en el indigesto y mezquino banquete de la vida.

Aficionado a los pobres de espíritu —que en compensación de la servidumbre de aquí abajo poseerán el reino de allá arriba—, me declaré amigote de Sedano. A la salida de la oficina le acompañaba hasta su casa, le daba consejos, le regalaba cigarros y solía convidarle a una taza de café y a una copita de licor de damas —curaçao, kumme o Marie Brizard—. Estos obsequios me conquistaron una gratitud tan desproporcionada a su importancia y valor, que, a la verdad, me confundía y casi diré que me atosigaba; sí, me atosigaba, conmoviéndome un poco..., pero el tósigo se sobreponía a la emoción dulce. ¿No es cierto, lector, que existe en nosotros un pudor de alma que nos hace pesado el excesivo agradecimiento? ¿No es verdad que la mansedumbre y la modestia, en grado tan alto, nos cohíben y hasta nos abochornan?

—Sedano —le dije un día para desviar la conversación del terreno del reconocimiento—, cuénteme usted su vida y milagros. ¿Es usted soltero, casado, viudo? He oído que tiene usted una hija no sé dónde. Ea, a hacer confesión general.

—¡Bah! —respondió él, con un destello de ironía mansa en las lloronas pupilas—. Yo tengo vida, pero milagros, no; todo lo mío es bien vulgar. Soy de Zamora, y me crié en casa de una tía mía, con posibles, que me sirvió de madre. Me dejó algunos cuartitos en treses, que decíamos entonces. Vine a Madrid a acabar la carrera, y más adelante conseguía un destino, porque el señor don Luis González Bravo había sido compañero de mi padre, que en gloria esté. Aquella aldaba me sirvió de mucho. No soy de los que más padecieron bajo el poder de Poncio Pilato; es decir, de la cesantía. Verdad que procuro hacerme útil en la casa.

—Y esos cuartos que trajo usted de Zamora, ¿los gastó o los invirtió en otra clase de renta? —pregunté considerando el pelaje de Sedano y suponiendo que tal vez los famosos treses serían el hilo de que yo deseaba tirar.

—¡Los treses! —repitió él, bajando la cabeza, mientras una súbita llamarada encendía sus amarillentos pómulos—. Los treses... ya sabe usted que con la revolución pegaron un bajón hasta los profundos abismos. Yo supe extraoficialmente, por un ad latere del señor don Luis González Bravo (¡Dios le haya dado su santa gloria!), que iban a caer al pozo los tresecitos. ¿Y qué hago? Vendo con tiempo mis cuarenta y tantos mil pesos nominales... Así no pudo fastidiármelos la Gloriosa —añadió, sonriendo con expresión de malicia pueril, como el que se frota las manos celebrando su propia sagacidad.

Mírele, y cada vez me parecieron sus trazas más incompatibles con cuarenta mil duros, ni nominales ni efectivos. Era clásico en la oficina el gabán color de ala de mosca de Sedano, y su corbata, pasada de los fríos y calores, y su paraguas que, picado y limado en las costuras, embarcaba más agua de la que repelía. Me confirmé en que los misteriosos treses encerraban la clave de la historia de aquel hombre.

—¿Y qué hizo usted con el dinero? —insistí, asediándole.

—¡El dinero!... El dinero es una cosa que no parece sino que tiene alas —dijo, volviéndose al rincón oscuro, y hablando como si algo se le atragantase.

—Vamos, que lo despabiló usted alegremente. ¡Vaya con el pillín de Sedano! Francachelas, ¿eh? ¿Buenas mozas? Porque entonces era usted joven todavía.

—Francachelas, no, por cierto... Yo he sido siempre raro..., muy raro..., hasta maniático... en ese particular de las mujeres. Me entraba un encogimiento... Nunca supe..., vamos, empezar. Si no fuese por los amigos, que a veces le sacan a uno de sus casillas... Si yo le dijese a usted..., iba usted a reírse de mí, pero a carcajadas. Solo que como todo el mundo tiene su alma en su almario..., y de una manera o de otra necesita querer a alguien, yo, cuando vine a Madrid, conocí a una señora muy guapa, viuda, hermana de un pariente mío por afinidad. Era tan buena..., quiero decir, era tan cariñosa conmigo..., que yo (figúrese usted, un muchacho) me fui acostumbrando a su trato y a su carácter de un modo... en fin, no salía de aquella casa. Tanto, que las malas lenguas dieron en murmurar, y un día hasta oí que se decía en un corro si la señora estaba o no en cierto compromiso. Naturalmente que primero me enfadé muchísimo y luego me burlé de los murmuradores, porque yo la miraba como se mira a las santas del cielo, y sabía de fijo que tal barbaridad no podía ser. En esto la señora se ausentó de Madrid y me quedé medio muerto, ¡con una tristeza!, ¡con una soledad!... Figúrese usted mi admiración cuando una mañana entra en mi cuarto de la casa de huéspedes una mujer vestida de negro, muy tapada..., ¡y se descubre y me pone en los brazos una niña! «Ampárela usted, Sedano; no tiene padre, no tiene a nadie en el mundo...; a mí no me permite ampararla mi honor.» ¡Qué disgusto pasé! Me acuerdo que hasta lloré con el berrinche...

—¿Era la viuda? ¿La que usted quería?

—La misma. Pero yo, por mi parte, le aseguro a usted que ni con el pensamiento...

—Lo creo, lo creo... ¿Y la niña?

Profunda transformación noté en la marchita cara de Sedano. Sus ojos, turbios y húmedos, se aclararon un instante, y augusta expresión de amor los hizo irradiar dulcemente. Os aseguro que es hermoso espectáculo el de la luz de la bondad iluminando el rostro de un hombre.

—La niña vivió conmigo veintiún años. Busqué ama, niñera... Vamos, me dio que hacer; ¡pero cosa más linda! Quisiera que usted la hubiese visto entonces. Llamaba la atención al sacarla a paseo vestidita de terciopelo azul. Yo rabiaba a veces, porque es mucha la jaqueca que levanta una chiquitina: que la dentición, que el miedo a la difteria, que la educación, que vigilarla para que ningún pillastre la engatuse... Luego, gastos, muchos gastos...; eso le pedí al señor González Bravo el destino. A Enriqueta no quería yo que le faltasen comodidades, ni gustos, ni diversiones. A su edad...

—¿Y qué ha sido de la niña? —pregunté con interés cada vez mayor.

—Casada está, y en Filipinas con su marido... —y la voz de Sedano, al decir esto, se ablandó como si la mojasen—. Se casó con un militar... En fin, a usted no he de andarle con tapujos. La chiquilla se enamoró como una desesperada de un muchacho... que es guapo, muy simpático, muy jaranero, gracioso..., perdido... ¡Así les gustan a ellas! Desde que la vi tan amelonada, no hubo más recurso que dejarlos casar. Me quedé hecho un páparo; no podía acostumbrarme, la casa se me venía encima, y siempre me escapaba a la del matrimonio joven. Un día me encuentro a la criatura hecha un mar de lágrimas.

«Chiquilla, ¿qué tienes?» «¡Ay padrino! (me llamaba así). Pepe ha jugado... fondos que no eran suyos..., la vergüenza..., el deshonor... Ayer compró un revólver... Si él se mata, yo también...» ¿Qué haría usted en mi caso?

—Entendido, Sedano; ya adivino el paradero de los treses...

—No, mire usted; entonces no le dí más que siete mil duros... Hasta dos años después... ¡Y si usted viese! ¡Parecía que se había enmendado el maldito!

—Total, que no le quedó a usted más recurso que la oficina —exclamé alargando a Sedano un entreacto muy oloroso.

—Y quiera Dios que no me falte —respondió él, pagándome con una de aquellas sofocantes miradas de gratitud.

Desde esta conversación, me infunde cierto respeto el gabán color ala de mosca, y desearía insinuarme con el ministro de Fomento, a fin de parar el golpe si amaga la cesantía de Sedano.

El Liberal, 24 de abril 1893.

El milagro del hermanuco

Para contrastes, el de la comunidad de Recoletas de Marineda con su hermanuco, donado o sacristán, que no sé a punto cierto cuál de estos nombres le cae mejor.

Son las Recoletas de Marineda ejemplo de austeridad monástica; gastan camisa de estameña; comen de vigilia todo el año; se acuestan en el suelo, sobre las losas húmedas, con una piedra por almohada; se disciplinan cruelmente; se levantan a las tres de la mañana para orar en el coro; hablan al través de doble reja y un velo tupido; para consultar con el médico no descubren la cara, y son tan pobres, que los republicanos carniceros o polleros del mercado y las lengüilargas verduleras, al ver pasar al hermanuco con la cesta, deslizan en ella el pedazo de vaca, el par de huevos, la patata, el cuarto de gallina, el torrezno, diciendo expresivamente: «Que sea para las madres, ¿eh?; para las enfermas.» Porque saben que siempre hay en la enfermería dos o tres recoletas, lo menos, y que si no lo reciben de limosna, no tendrían caldo, pues ni la regla ni la necesidad les permiten salir de bacalao y sardina.

No quedaban tranquilas, sin embargo, las caritativas verduleras, y lo probaba lo recalcado de la frase: «Que sea para las madres, ¿eh?» Porque así como se figuraban a las recoletas escuálidas, magras, amarillas y puntiagudas, así veían de rechoncho, barrigón, coloradote y enjundioso al donado.

Constábales, además —y a alguna por experiencia—, que el ejemplo de las madres surtía en el donado efectos contraproducentes, y que tanto cuanto eran las madres de castísimas, humildes, ayunadoras y sufridoras, era el donado... de todos los vicios opuestos a estas virtudes. No obstante, su humor jovial y bufonesco, sus cuentos verdes, sus equívocos, sus dicharachos, sus sátiras, le habían granjeado cierta popularidad en puestos y tenduchos.

Referíanse de él gorjas enormes, convites burlescos en que hacía de mesa un ataúd y de servilleta una pierna de calzoncillo; escenas cómicas de exorcismos y conjuros en que sacaba los demonios del cuerpo a las mozas con un gancho de escarbar la lumbre... y otras mil invenciones que se reían a carcajadas, y que lejos de perjudicar al donado le formaban aureola.

Acaso la plebe, subyugada y confundida ante la sublimidad de las mártires recoletas, encontraba alivio y descanso festejando en el hermanuco al gremio de la pecadora Humanidad.

Había en cambio una clase de mujeres que profesaban al hermanuco ojeriza singular y declarada, y decían de él horrores: eran las beatas, cosa de docena a docena y media de vestigios que no sabían salir de la iglesia del convento de Recoletas y a quienes no les parecía buena y cabal la misa, la novena ni ninguna clase de devoción, sino dentro de aquellas cuatro paredes.

La antipatía entre el hermanuco y las beatas nació precisamente de que andaba rabiando por cerrar, para largarse a donde el diablo sabía. En vano recorría la iglesia repicando el manojo de llaves; en vano tosía y mondaba el pecho y describía semicírculos alrededor de las arrodilladas, pues éstas, como si lo hiciesen a propósito, con los ojos en blanco y las manos juntas, continuaban bisbisando sus interminables, sus kilométricos rosarios. Si el hermanuco se dejase llevar de su genio, claro está que les daría con la escoba como a las cucarachas; lo malo era que la madre abadesa le tenía severamente prohibida toda viveza, todo regaño, toda descortesía con aquellas recoletas seculares, y si fracasaban las insinuaciones, no había más que aguardar cachazudamente a que se acabasen los «misterios gloriosos», o el septenario, o la meditación.

Distinguíase entre las demás una devota, no solo por la morosidad de sus rezos, sino por su catadura y años. Era el rostro de doña Mariquita de aquellos que, según Quevedo, pueden servir a San Antonio de tentación y cochino: en mitad de la chupada boca quedábale un solo diente, largo, temblón, diente que había inspirado a un ingenio local esta frase: «Así como hay ojos que muerden, hay dientes que miran y hasta que hacen guiños.» Para no creer que doña Mariquita iba a salir volando por la chimenea, a horcajadas en una escoba, era preciso recordar su mucha piedad, su continua oración, su incesante persecución de confesores, su sed perpetua de agua bendita. Así y todo, el hermanuco la nombraba siempre «la bruja».

Es de saber que cada devota tenía en la iglesia de las Recoletas su rincón predilecto, y que el hermanuco, al hacer la diaria requisa antes de cerrar, sabía de fijo que a doña Petronila, verbigracia, la encontraría bajo las alas de San Miguel; a doña Regaladita Sanz, acurrucada ante el Corazón de Jesús, y a doña Mariquita, en monólogo al pie del Cristo de la Buena Hora.

En esto de devoción, como en todo, hay gente afecta a novedades; y si Regaladita Sanz y otras de su escuela andaban siempre averiguando la última moda de la piedad y no hablaban sino de los Corazones, ni rezaban sino a esos cromos abigarrados que hoy se ven en todas las iglesias, las beatas del temple de doña Mariquita se atenían a las antiguas advocaciones y a las formas que ya van cayendo en desuso. Para doña Mariquita no había en las Recoletas más efigie que la del Cristo de la Buena Hora.

Segura estoy de que a mí me pasaría lo mismo, y si entro en la iglesia, flechada me voy también a la sombría capilla, de negra verja rechinante, y altar donde, sobre un fondo rojo oscuro, se alza la inmensa cruz, sosteniendo el cuerpo lívido, estriado de sangre, pendiente y desplomado sobre las crispadas piernas. Está el Cristo de la Buena Hora representado en ocasión de pronunciar alguna de las siete desgarradoras Palabras, pues tiene la boca entreabierta y la faz no caída sobre el pecho, sino un tanto erguida, con esfuerzo doloroso. No le falta la correspondiente enagüilla de terciopelo negro, bordada de plata, y bajo sus pies taladrados y contraídos, tres huevos de avestruz recuerdan la devoción de algún navegante.

Una sola lamparita mortecina alumbra la imagen y deja entrever —o dejaba, porque ahora se ha procedido a recoger estos ingenuos emblemas— amarillentos exvotos, brazos, piernas, figuritas de niños.

El nombre de Cristo de la Buena Hora da a entender, sin embargo, que lo que se pide a aquella efigie no es la salud del cuerpo, sino la del alma, la muerte no repentina, sino con arrepentimiento, con sacramentos, con todos los auxilios y remedios espirituales. Y esto solicitaba con tal fervor doña Mariquita —según las investigaciones del hermanuco—, y por eso, como cada día estaba la buena hora más próxima y la gordivieja beata arrastraba las piernas con mayor dificultad cada día, también prolongaba más las oraciones y cada día obligaba al donado a cerrar más tarde: así es que el donado había llegado a aborrecer al vejestorio, y al cabo se propuso jugarle alguna pasada que le quitase el hipo de tanto rezuqueo.

Discurriendo y discurriendo, acabó por encontrar una traza a su parecer muy linda. El camarín del Cristo era bastante hondo y tenía acceso por la sacristía, y el paño o cortinaje que lo revestía estaba suelto, de modo que, trepando al altar, no era difícil quedarse escondido detrás del paño, de suerte que nadie pudiese sospechar allí la presencia de un hombre.

Habiendo ensayado la habilidad, el hermanuco esperó el momento en que, abierta la iglesia por la tarde, se aparecía doña Mariquita.

Todo sucedió según estaba prevenido. Cuando la devota se hincó de rodillas en el suelo de costumbre, el hermanuco, agazapado, la espiaba por un agujero hecho en la cortina.

Conviene no omitir una circunstancia, y es que aquel donado irreverente, mofador epicúreo de sacristía y volteriano de plazuela, solo sentía cierta aprensión muy parecida al respeto ante la efigie del Cristo de la Buena Hora. Hubiese preferido mucho que su maligna travesura tuviera por teatro la capilla del Arcángel o el altar nuevo de la Saleta. Hasta creo que al subir agarrándose a las piernas del Cristo, le temblaban un poco las suyas al donado. El deseo de venganza contra doña Mariquita pudo más que aquella medrosa impresión, y desde que vio llegar a la vieja saboreó anticipadamente el placer del triunfo.

Dejó a la devota enfrascarse en su monólogo, prestando oído a fin de graduar mejor el efecto, y así que la vio con las manos enclavijadas y los ojos fijos en el rostro de la imagen; así que la oyó murmurar con ansia: «Señor mío Jesucristo, dame una buena horita, una buena horita», el maldito hermano se aferró bien, adelantó la cara hasta subirla a la altura de la del Cristo y, lentamente, con voz sepulcral y cavernosa articuló estas terribles palabras: «Tus oraciones no llegan a mí.»

Se oyó un golpe sordo. Doña Mariquita había caído al suelo.

El hermanuco, sin poderse reprimir, soltó la risa.

Transcurrieron dos minutos, tres, y ya ningún ruido turbó el silencio de la capilla. Entonces el hermanuco, algo alarmado, salió de su escondite y, bajándose, tomó en peso a la devota, al parecer privada de sentido.

Un recelo inexplicable se apoderó del burlador: corrió a la pila del agua bendita, mojó un pañuelo y lo aplicó a las sienes de la vieja. Ni por ésas; lejos de volver en sí, doña Mariquita pesaba cada vez más, como pesa el cuerpo muerto.

«¡Zambomba! —pensó—. ¿A que esta bruja me quiere dar un susto y se hace la desmayada?» Tomó una aguja del moño de doña Mariquita y se la afincó en un carrillo, primero suave, luego recio. Nada: como si la hubiese clavado en un tapón de corcho.

Gotitas de sudor frío asomaron en la raíz de cada pelo del hermanuco, que empezó a entrever la espantosa verdad.

Por no mirar a la difunta, que estaba más fea aún que de viva; por no verle en la sima de la abierta boca aquel único diente acusador, y también por el instinto de pedir socorro que nos asalta en las grandes congojas, el sacrílego hermanuco miró al Cristo como si le dijese: «Resucítame este estafermo, Señor; resucítame este estafermo, y haré penitencia, y seré honrado, piadoso, continente, sobrio y humilde.»

Al implorarle, y en medio de su turbación, el rostro de Cristo le pareció más importante, mucho más, que el de la beata; y de sus ojos airados, de sus labios entreabiertos, sintió caer una maldición solemne.

• • •

Así fue como las Recoletas de Marineda se quedaron sin hermanuco. Tuvo que dejar el oficio, porque no hubo fuerzas humanas que le moviesen a cruzar otra vez el umbral de la capilla del Cristo.

No por eso se convirtió. Al contrario, arreció en sus vicios y en sus maulas; pero repito que a la capilla, ni atado.

Y cuando oía nombrar la Buena Hora, un escalofrío le corría por la espalda. Hízose muy borrachín de aguardiente de caña, y al preguntarle las verduleras por qué andaba siempre chispo, respondía cínicamente:

—Porque así no sabe el hombre cuándo viene la hora.

La Voz de Guipúzcoa, 15 de octubre de 1892.

Madre

Cuando me enseñaron a la condesa de Serená, no pude creer que aquella señora fuese, hará cosa de cinco años, una hermosura de esas que en la calle obligan a volver la cabeza y en los salones abren surco. La dama a quien vi con un niño en brazos y vigilando los juegos de otro, tenía el semblante enteramente desfigurado, monstruoso, surcado en todas direcciones por repugnantes cicatrices blancuzcas, sobre una tez denegrecida y amoratada; un ala de la nariz era distinta de la compañera, y hasta los últimos labios los afeaba profundo costurón. Solo los ojos persistían magníficamente bellos, grandes, rasgados, húmedos, negrísimos; pero si cabía compararlos al Sol, sería al Sol en el momento de iluminar una comarca devastada y esterilizada por la tormenta.

Noté que el amigo que nos acompañaba, al pasar por delante de la condesa, se quitó el sombrero hasta los pies y saludó como únicamente se saluda a las reinas o a las santas, y mientras dábamos vueltas por el paseo casi solitario, el mismo amigo me refirió la historia o leyenda de las cicatrices y de la perdida hermosura, bajando la voz siempre que nos acercábamos al banco que ocupaba la heroína del relato siguiente:

—La condesa de Serena se casó muy niña, y enviudó a los veintiún años, quedándole una hija, a la cual se consagró con devoción idolátrica.

La hija tenía la enfermiza constitución del padre, y la condesa pasó años de angustia cuidando a su Irene lo mismo que a planta delicada en invernadero. Y sucedió lo natural: Irene salió antojadiza, voluntariosa, exigente, convencida de que su capricho y su gusto eran lo único importante en la tierra.

Desde el primer año de viudez rodearon a la condesa los pretendientes, acudiendo al cebo de una beldad espléndida y un envidiable caudal. De la beldad podemos hablar los que la conocimos en todo su brillo y —¿a qué negarlo?— también suspiramos por ella.

Para imaginarse lo que fue la cara de la condesa, hay que recordar las cabezas admirables de la Virgen, creadas por Guido Reni: facciones muy regulares y a la vez muy expresivas, tez ni morena ni blanca, sino como dorada por un reflejo solar; agregue usted la gallardía del cuerpo, la morbidez de las formas, la riqueza del pelo y de los dientes, y esos ojos que aún pueden verse ahora..., y comprenderá que tantos hombres de bien anduviesen vueltos tarumba por consolar a la dama.

Perdieron, digo, perdimos el tiempo lastimosamente; ella se zafó de sus adoradores, despachando a los tercos, convirtiendo en amigos desinteresados a los demás, convenciendo a todos de que ni se volvía a casar ni pensaba en otra cosa sino en su hija, en fortalecerle la salud, en acrecentarle la hacienda. Vimos que era sincero el propósito; comprendimos que nada sacábamos en limpio; observamos que la condesa se vestía y peinaba de cierto modo que indica en la mujer desarme y neutralidad absoluta y nos conformamos con mirar a la hermosa lo mismo que se mira un cuadro o una estatua.

Y empleo la palabra mirar, porque hasta las palabras lisonjeras y galantes conocimos que no eran gratas a la condesa, sobre todo desde que Irene empezó a espigar y presumir. Quiso la mala suerte que la hija de tan guapa señora heredase, al par que el temperamento, los rasgos fisonómicos de su padre, por lo cual Irene, en la flor de la juventud, era una mocita delgada y pálida, sin más encantos que eso que suele llamarse belleza del diablo y yo comparo al saborete del agraz. Y la misma suerte caprichosa hizo que la condesa, acaso por efecto de la vida metódica y retirada en que economizó sus fuerzas vitales, entrase en el período de treinta a treinta y cinco luciendo tan asombrosa frescura, tal plenitud de todas sus gracias, que a su lado la chiquilla daba compasión.

De nada servía que su madre la emperejilase y se impusiese a sí propia la mayor modestia en trajes y adornos; los ojos de las gentes se fijaban en el soberano otoño, apartándose de la primavera mustia, y en la calle, en la iglesia, en el campo, en los baños, doquiera que la madre y la hija apareciesen juntas, indiscretas y francas exclamaciones humillaban a Irene en lo más delicado de su vanidad femenil y herían a la condesa en lo más íntimo de su ternura maternal.

Fue peor todavía cuando, llegado el momento de introducir a Irene en lo que por antonomasia se llama sociedad, la condesa, que no había de presentarse hecha la criada de su hija, tuvo que adornarse, escotarse y lucir otra vez joyas y galas. Por más que ajustase su vestir a reglas de severidad y seriedad que nunca infringía; por más que los colores oscuros, las hechuras sencillas, la proscripción de toda coquetería picante en el tocado dijesen bien a las claras que solo por decoro se engalanaba la condesa, lo cierto es que el marco de riqueza y distinción duplicaba su hermosura divina, y de nuevo la asediaban los hombres, engolosinados y locos. De Irene apenas sí hacía caso algún muchacho imberbe, y hubo ocasiones en que la madre, con piadosa astucia, toleró las asiduidades de apuesto galán para adquirir el derecho de que sacase a bailar a Irene o la llevase al comedor.

Lo triste era que ya Irene, mortificada, ulcerado su amor propio, se mostraba desabrida con su madre y pasaba semanas enteras sin hablarle. Notaba también la condesa que los párpados de la muchacha estaban enrojecidos y varias veces, al animarla a que se vistiese para alguna fiesta, Irene había respondido: «Ve tú; yo no voy, no me divierto.» De estas señales infería la condesa que roían a Irene la envidia y el despecho, y en vez de enojo, sentía la madre lástima infinita. Con vida y alma se hubiese quitado —a ser posible— aquella tez de alabastro y nácar, aquellos ojos de Sol, y poniéndolos en una bandeja, como los de Santa Lucía, se los hubiese ofrecido a su niña, al ídolo de toda su honrada y noble existencia.

No pudiendo regalar su beldad a Irene, pensó que resolvía el conflicto buscándole novio. Satisfecha con el amor de su esposo, pudiendo ir con él a todas partes y retirada la condesa en su hogar, cesaba la tirante situación de madre e hija.

Encontrar marido para la rica Irene no era difícil, pero la condesa aspiraba a un hombre de mérito y su instinto de madre la guió para descubrirle y para aproximarle a Irene, preparando los sucesos. El elegido —Enrique de Acuña— era uno de los muchos admiradores y veneradores de la condesa, y puede asegurarse que influyó en él ese sentimiento que nos lleva a preferir para esposas a las hijas de las mujeres a quienes profesamos estimación altísima, y a quienes no hemos amado, pura y simplemente, porque sabemos que no se dejarían amar. Persuadida la condesa de que Enrique reunía prendas no comunes de talento y corazón; viéndole tan guapo, tan digno de ser querido, tan hombre y tan caballero, en suma, trabajó con inocente diplomacia y triunfó, pues no tardaron Irene y Enrique en ser amartelados prometidos.

Casáronse pronto y salieron a hacer el acostumbrado viaje de Luna de miel, que fue un siglo de dolor para la condesa. Acostumbrada a absorber su vida en la de su hija, a existir por ella y para ella solamente, ni sabía qué hacer del tiempo, ni podía habituarse a no ver a Irene apenas despertaba, a no besarla dormida. Ya se sentía enferma de nostalgia, cuando regresaron a Madrid los novios.

La condesa notó con alegría que su yerno le demostraba vivo cariño, gran deferencia y familiaridad como de hermano. Le consultaba todo; juntos trabajaban en el arreglo de las cuestiones de interés, y en broma solía repetir Enrique que, solo por tener tal suegra, cien veces volvería a casarse con Irene Serená. La satisfacción de la condesa, no obstante, duró poco, pues advirtió que, según Enrique extremaba los halagos y el afecto, Irene reincidía en la antigua sequedad y dureza y en los desplantes y murrias. Delante de su marido conteníase; pero apenas él volvía la espalda, ella daba suelta al mal humor y a la acritud de su genio.

Cierto día, saliendo la condesa a ver unos solares que deseaba adquirir, encontró en la puerta a Enrique, que se ofreció a acompañarla. A la mesa, por la noche, Enrique habló de la excursión, y dijo, riendo, que por poco le cuesta un lance acompañar a su suegra, pues todos le decían flores y hasta un necio la siguió, requebrándola...

—¿No sabes? —añadió Enrique, dirigiéndose a Irene—. Tuve que llamarle al orden al caballerito... Lo gracioso es que me tomó por marido de tu mamá, y yo, para hacerle rabiar, le dije que sí lo era...

Al oír esto, Irene se levantó de la mesa, arrojando la servilleta al suelo; corriendo salió del comedor y la oyeron cerrar con estrépito la puerta de su cuarto. Miráronse la madre y el esposo, y aquella mirada todo lo reveló; no necesitaron hablar. Enrique, ceñudo, siguió a su mujer y se encerró con ella. Al cabo de media hora vino inmutadísimo a decir a la condesa que Irene no quería vivir más en la casa materna, y que era tal su empeño de irse, que si no se realizaba la separación, amenazaba con hacer cualquier disparate.

—Pero tranquilícese usted —añadió en amargo tono de reconcentrada cólera—, he sabido imponerme y la he tratado con severidad, porque lo merece su locura.

Y como la condesa, más pálida que un difunto, se apoyase en un mueble por no caer, exclamó Enrique:

—¡Señora, el carácter de su hija de usted preveo que nos costará muchas penas a todos!...

Estas interioridades se supieron, según costumbre, por los criados, que las cazaron al vuelo entre cortinas y puertas; y ellos, los enemigos domésticos, fueron también los que divulgaron que el día del disgusto la señora condesa se acostó dolorida y preocupada y no se fijó en que quedaba la luz ardiendo cerca de las cortinas; de modo que, a media noche, despertó envuelta en llamas, y aunque pudo evitar la desgracia mayor de perder la vida, no evitó que la cara padeciese quemaduras terribles.

Con el susto y la impresión y la asistencia, Irene olvidó su enfado, y desde aquel día vivieron en paz: el señorito Enrique, muy metido en sí; la señora, cada vez más retirada del mundo, pensando solo en cuidar a los niños que le fueron naciendo a la señorita.

—¿Qué opina usted de las quemaduras de la condesa? —preguntó al llegar aquí el narrador.

—Que esta María Coronel vale más que la otra —respondí, inclinándome a mi vez ante la madre de Irene, la cual, sospechando que hablábamos de ella, se levantó y se retiró del paseo con sus nietecillos de la mano.

Nuevo Teatro Crítico, núm. 30, 1893.

Cuento primitivo
Tuve yo un amigo viejo, hombre de humor y vena, o como diría un autor clásico, loco de buen capricho. Adolecía de cierta enfermedad ya anticuada, que fue reinante hace cincuenta años, y consiste en una especie de tirria sistemática contra todo lo que huele a religión, iglesia, culto y clero; tirria manifestada en chanzonetas de sabor más o menos volteriano, historietas picantes como guindillas, argumentos materialistas infantiles de puro inocentes, y teorías burdamente carnales, opuestas de todo en todo a la manera de sentir y obrar del que siempre fue, después de tanto alarde de impiedad barata, persona honradísima, de limpias costumbres y benigno corazón.

Entre los asuntos que daban pie a mi amigo para despacharse a su gusto, figuraba en primer término la exégesis, o sea la interpretación —trituradora, por supuesto— de los libros sagrados. Siempre andaba con la Biblia a vueltas, y liado a bofetadas con el padre Scío de San Miguel. Empeñábase en que no debió llamarse padre Scío, sino padre Nescío, porque habría que ponerse anteojos para ver su ciencia, y las más veces discurría a trompicones por entre los laberintos y tinieblas de unos textos tan vetustos como difíciles de explicar. Sin echar de ver que él estaba en el mismo caso que el padre Scío, y peor, pues carecía de la doctrina teológica y filológica del venerable escriturario, mi amigo se entremetía a enmendarle bizarramente la plana, diciendo peregrinos disparates que, tomados en broma, nos ayudaban a entretener las largas horas de las veladas de invierno en la aldea, mientras la lluvia empapa la tierra y gotea desprendiéndose de las peladas ramas de los árboles, y los canes aúllan medrosamente anunciando imaginarios peligros.

En una noche así, después de haber apurado el ligero ponche de leche con que espantábamos el frío, y cuando el tresillo estaba en su plenitud, mi amigo la tomó con el Génesis, y rehízo a su manera la historia de la Creación. No vaya a figurarse nadie que la rehízo en sentido darvinista; eso sería casi atenerse a la serie mosaica de los seis días, en que se asciende de lo inorgánico a lo orgánico, y de los organismos inferiores a los superiores. No; la creación, según mi amigo —que, sin duda, para estar tan en autos, había celebrado alguna conferencia con el Creador—, fue de la guisa que van ustedes a ver si continúan leyendo. Yo no hago sino transcribir lo esencial de la relación, aunque no respondo de ligeras variantes en la forma.

...

En el primer día crió Dios al hombre. Sí, al hombre; a Adán, hecho del barro o limo del informe planeta. Pues qué, ¿iba Dios a necesitar ensayos y pruebas y tanteos y una semana de prácticas para salir al fin y al cabo con una pata de gallo como el hombre? Ni por pienso; lo único que explica y disculpa al hombre es que brotó al calor de la improvisación, aun no bien hubo determinado el Señor condensar en forma de esfera la materia caótica.

Y crió primero al hombre, por una razón bien sencilla. Destinándole como le destinaba a rey y señor de lo creado, le pareció a Dios muy regular que el mismo Adán manifestase de qué hechura deseaba sus señoríos y reinos. En suma, Dios, a fuer de buen Padre, quiso hacer feliz a su criatura y que pidiese por aquella bocaza.

Apenas empezó Adán a rebullirse, dolorido aún de los pellizcos de los dedos divinos que modelaron sus formas, miró en derredor; y como las tinieblas cubrían aún la faz del abismo, Adán sintió miedo y tristeza, y quiso ver, disfrutar de la claridad esplendente. Dios pronunció el consabido Fiat, y apareció el glorioso Sol en el firmamento, y el hombre vio, y su alma se inundó de júbilo.

Mas al poco rato notó que lo que veía no era ni muy variado ni muy recreativo: inmensa extensión desnuda, calvos eriales en que reverberaba ardiente la luz solar, y que la devolvían en abrasadoras flechas. Adán gimió sordamente, murmurando que se achicharraba y que la tierra le parecía un páramo. Y sin tardanza suscitó Dios los vegetales, la hierba avelludada y mullida que reviste el suelo, los arbustos en flor que lo adornan y engalanan, los majestuosos árboles que vierten sobre él deleitable sombra. Como Adán notase que esta vestidura encantadora de la superficie terrestre parecía languidecer, aparecieron los vastos mares, los caudalosos ríos, las reidoras fuentecillas, y el rocío cayó hecho menudo aljófar sobre los campos. Y quejándose Adán de que tanto Sol ya le ofendía la vista, el infatigable Dios, en vez de regalar a su hechura unas antiparras ahumadas, crió nada menos que la Luna y las estrellas, y estableció el turno pacífico de los días y las noches.

A todas éstas, el primer hombre ya iba encontrando habitable el Edén. Sabía cómo defenderse del calor y resguardarse del frío; el hambre y la sed se las había calmado al punto Dios, ofreciéndole puros manantiales y sazonados frutos. Podía recorrer libremente las espesuras, las selvas, los valles, los pensiles y las grutas de su mansión privilegiada. Podía coger todas las flores, gustar todas las variadísimas y golosas especies de fruta, saborear todas las aguas, recostarse en todos los lechos de césped y vivir sin cuitas ni afanes, dejando correr los días de su eterna mocedad en un mundo siempre joven. Sin embargo, no le bastaba a Adán esta idílica bienandanza; echaba de menos alguna compañía, otros seres vivientes que animasen la extensión del Paraíso.

Y Dios, siempre complaciente, se dio prisa a rodear a Adán de animales diversos: unos, graciosos, tiernos, halagüeños y domésticos, como la paloma y la tórtola; otros, familiares, juguetones y traviesos, como el mono y el gato; otros, leales y fieles, como el perro, y otros, como el león, bellos y terribles en su aspecto, aunque para Adán todos eran mansos y humildes, y los mismos tigres le lamían la mano. No queriendo Dios que Adán pudiese volver a lamentarse de que le faltaba acompañamiento de seres vivos, los crió a millones, multiplicando organismos, desde los menudísimos infusorios suspensos en el aire y en el agua, hasta el monstruoso megaterio emboscado en las selvas profundas. Quiso que Adán encontrase la vida por doquiera, la vida enérgica y ardorosa, que sin cesar se renueva y se comunica, y que no se agota nunca, adaptándose a las condiciones del medio ambiente y aprovechando la menor chispa de fuego para reanimar su encendido foco.

Al principio le divirtieron a Adán los avechuchos, y jugueteó con ellos como un niño. No obstante, pasado algún tiempo, notó que iba cansándose de los seres inferiores, como se había cansado del Sol, de la Luna, de los mares y de las plantas. Si el Sol todos los días aparece y se oculta de idéntico modo, los bichos repiten constantemente iguales gracias, iguales acciones y movimientos, previstos de antemano, según su especie. El mono es siempre imitador y muequero; el potro, brincador y gallardo; el perro, vigilante y adicto; el ruiseñor, ni por casualidad varía sus sonatas; el gato, ya es sabido que se pasa el muy posma las horas muertas haciendo ron, ron. Y Adán se despertó cierta mañana pensando que la vida era bien estúpida y el Paraíso una secatura.

Como Dios todo lo cala, enseguida caló que Adán se aburría por diez; y llamándole a capítulo, le increpó severamente. ¿Qué le faltaba al señorito? ¿No tenía todo cuanto podía apetecer? ¿No disfrutaba en el Edén de una paz soberana y una ventura envidiable? ¿No le obedecía la creación entera? ¿No estaba hecho un archipámpano?

Adán confesó con noble franqueza que precisamente aquella calma, aquella seguridad, eran las que le tenían ahíto, y que anhelaba un poco de imprevisto, alguna emoción, aunque la pagase al precio de su soñoliento reposo y amodorrada placidez.

Entonces Dios, mirándole con cierta lástima, se le acercó, y sutilmente le fue sacando, no una costilla, como dice el vulgo, sino unas miajitas del cerebro, unos pedacillos del corazón, unos haces de nervios, unos fragmentos de hueso, unas onzas de sangre..., en fin, algo de toda su sustancia; y como Dios, puesto a escoger, no iba a optar por lo más ruin, claro que tomó lo mejorcito, lo delicado y selecto, como si dijéramos, la flor del varón, para constituir y amasar a la hembra. De suerte que al ser Eva criada, Adán quedó inferior a lo que era antes, y perjudicado, digámoslo así, en tercio y quinto.

Por su parte, Dios, sabiendo que tenía entre manos lo más exquisito de la organización del hombre, se esmeró en darle figura y en modelarlo primorosamente. No se atrevió a apretar tanto los dedos como cuando plasmaba al varón; y de la caricia suave y halagadora de sus palmas, proceden esas curvas muelles y esos contornos ondulosos y elegantes que tanto contrastan con la rigidez y aspereza de las líneas masculinas.

Acabadita Eva, Dios la tomó de la mano y se la presentó a Adán, que se quedó embobado, atónito, creyendo hallarse en presencia de un ser celestial, de un luminoso querubín. Y en esta creencia siguió por algunos días, sin cansarse de mirar, remirar, admirar, ensalzarse e incensar a la preciosa criatura. Por más que Eva juraba y perjuraba que era hecha del mismo barro que él, Adán no lo creía; Adán juraba a su vez que Eva procedía de otras regiones, de los azules espacios por donde giran las estrellas, del éter purísimo que envuelve el disco del Sol, o más bien del piélago de lumbre en que flotan los espíritus ante el trono del Eterno. Créese que por entonces compuso Adán el primer soneto que ha sido en el mundo.

Duró esta situación hasta que Adán, sin necesidad de ninguna insinuación de la serpiente traicionera, vino en antojo vehementísimo de comerse una manzana que custodiaba Eva con gran cuidado. Yo sé de fijo que Eva la defendió mucho, y no la entregó a dos por tres; y este pasaje de la Escritura es de los más tergiversados. En suma, a pesar de la defensa, Adán venció como más fuerte, y se engulló la manzana. Apenas cayeron en su estómago los mal mascados pedazos del fruto de perdición, cuando..., ¡oh cambio asombroso!..., ¡oh inconcebible versatilidad!..., en vez de tener a Eva por serafín, la tuvo por demonio o fiera bruta; en vez de creerla limpia y sin mácula, la juzgó sentina de todas las impurezas y maldades; en vez de atribuirle su dicha y su arrobamiento, le echó la culpa de su desazón, de sus dolores, hasta del destierro que Dios les impuso, y de su eterna peregrinación por sendas de abrojos y espinas.

El caso es que, a fuerza de oírlo, también Eva llegó a creerlo; se reconoció culpada, y perdió la memoria de su origen, no atreviéndose ya a afirmar que era de la misma sustancia que el hombre, ni mejor ni peor, sino un poco más fina. Y el mito genesíaco se reproduce en la vida de cada Eva: antes de la manzana, el Adán respectivo le eleva un altar y la adora en él; después de la manzana, la quita del altar y la lleva al pesebre o al basurero...

Y, sin embargo —añadió mi amigo por vía de moraleja, tras de apurar otro vaso del inofensivo ponche—, como Eva está formada de la más íntima sustancia de Adán, Adán, hablando pestes de Eva, va tras Eva como la soga tras el caldero, y solo deja de ir cuando se le acaba la respiración y se le enfría el cielo de la boca. En realidad, sus aspiraciones se han cumplido: desde que Dios le trajo a Eva, el hombre no ha vuelto a aburrirse, ni a disfrutar la calma y descuido del Paraíso; y desterrado de tan apetecible mansión, solo logra entreverla un instante en el fondo de las pupilas de Eva, donde se conserva un reflejo de su imagen.

El Imparcial, 7 de agosto de 1893.

La cena de Cristo

Había un hombre lleno de fe, que creía a pies juntillas cuanto nos enseñan la religión y la moral, y, sin embargo, tenía horas de desaliento y sequedad de alma, porque le parecía que el cielo dista mucho de la tierra, y que nuestros suspiros, nuestras efusiones de amor, nuestras quejas, tardan siglos en llegar hasta el Dios que invocamos, el Dios distante, inaccesible en las lumínicas alturas de la gloria. No dudaba de la realidad divina, pero la creía muy alta y había llegado a ser en él idea fija la de ponerse en relación directa con el que todo lo puede y lo consuela todo.

Persuadido de que el claustro está bastantes peldaños más cerca del cielo que de la sociedad, Eudoro —así se llamaba el creyente— entró de novicio en los Carmelitas. Espantó a sus hermanos el fervor de su vida monástica, y cuenta que en el convento estaban acostumbrados a ver austeridades y adivinar rigores que la humildad encubría. Los de Eudoro, sin embargo, pasaban de la raya y llegaban a asombrar a los viejos, curtidos por una vida entera de maceraciones, verdaderos veteranos de la penitencia. Eudoro ascendía por la áspera cuesta de la mortificación, creyendo que así se aproximaba a la gloria, y no tanto por merecerla después de su muerte, como por sentirla en vida, por cerciorarse de su realidad. Juzgo evidente que el demonio del escepticismo era quien a la sordina inspiraba tales anhelos, porque si Eudoro estuviese completamente seguro de que al morir el cielo se abre al que lo gana, no experimentaría tan ardiente afán de percibirlo, de acortar distancias, y, por decirlo así, de tocarlo con sus manos y verlo con sus ojos. Fuese lo que fuese, Eudoro practicó terribles asperezas consigo mismo; descalzo, debilitado por el ayuno, acardenalado por las disciplinas, de rodillas en la celda, cuyas desnudas paredes aparecían salpicadas de sangre, se pasó las noches enteras velando y pidiendo a Dios, entre lágrimas y sollozos, que se dignase aproximarse a su siervo. Fue inútil: solo el triste aullido del viento en los árboles del huerto conventual respondió a sus llamamientos desesperados. Entonces salió del convento sin profesar, y los frailes viejos, edificados antes, hicieron la cruz sobre el pecho, con rostro grave y labios contraídos.

Eudoro se retiró a su casa, y descorazonado, imaginando que ya nunca se aproximaría al cielo, se dedicó a una vida activa, laborista y modesta, emprendiendo algunos negocios de los cuales se prometía lucro. El socio que admitió gozaba fama de probo; sin embargo, lo cierto es que engañó a Eudoro malamente, despojándole de su capital y haciéndole pasar ante el mundo por tramposo y estafador. Esto último fue lo que más dolió a Eudoro, porque estimaba su honra y sufría vergüenza horrible al verse infamado y notar que se apartaban de él las gentes con desprecio. En su espíritu germinó un odio tenaz contra el calumniador, y la sed de venganza le amargó la boca.

Una noche, pasando por cierta calle desierta, Eudoro vio a un hombre que se defendía de tres que ya le tenían acorralado e iban a darle muerte. El farol contra el cual se apoyaba le alumbraba el rostro de lleno y Eudoro reconoció a su enemigo. Tuvo un instante de fluctuación; quiso alejarse..., y de pronto volvió; iba armado; cargando con denuedo a los asesinos, los obligó a emprender precipitada fuga. Antes que el socorrido le diese las gracias, Eudoro se alejó también.

Casi llegaba a la puerta de su casa, cuando he aquí que le sale al camino un mendigo, descalzo, harapiento, encorvado, pidiéndole en voz lastimera, no dinero, sino algo de comer. «Me caigo de necesidad», gemía el pordiosero, y Eudoro, tomándole de la mano: «Vente conmigo —le dijo benignamente—. Partiremos la cena... y dormirás al abrigo del temporal y de la lluvia.»

Subieron la escalera uno tras otro: Eudoro encendió luz y pasó a la cocina a calentar el caldo de la víspera y la humilde pitanza; al entrar en el comedor, llevando la tartera olorosa, pudo ver la cara del pobre, que le esperaba sentado a la mesa ya, y notó con sorpresa que ni era viejo, ni feo, ni tenía enmarañado el pelo, ni sucias las manos, según suelen los mendigos; en cuanto a edad, representaba unos treinta años a lo sumo, y su rostro oval y su cabellera rubia, partida y flotante en bucles, eran de admirable belleza.

Sonreía dulcemente, y Eudoro le sirvió con reverencia, no atreviéndose a sentarse hasta que se lo ordenó el pobre. Comieron en silencio; pero Eudoro experimentaba un bienestar inexplicable, y parecíale tan suave el yugo de la vida y tan ligera la carga de todos sus dolores pasados, que su corazón, inundado de gozo, se quería derramar en un llanto más refrigerante que el rocío de la mañana.

Así que hubo saciado el hambre, el mendigo, tomando el pan que estaba sobre la mesa, lo partió y ofreció la mitad a Eudoro. Y al ejecutar tan sencilla acción, Eudoro advirtió una imperceptible claridad que, naciendo en las sie-

107

nes, rodeaba toda la cabeza del mendigo y jugaba en sus cabellos, como el Sol juega en el irisado plumaje de un pájaro.

Eudoro se levantó con ímpetu irresistible, y postrándose rostro contra el suelo, vino a besar y a empapar de lágrimas los pies del mendigo, conociendo que era Cristo, Hijo de Dios, y que, en aquella noche venturosa, por fin se había aproximado el cielo a la tierra.

Cristo le miraba amorosamente, fijando en él los grandes y meditabundos ojos. Y como Eudoro se confundiese en protestas de humildad, preguntando por qué se había dignado el Señor visitar aquella casa, respondió lentamente:

—Yo vago siempre por las calles. Cada noche quiero cenar con el que durante el día haya vuelto bien por mal y perdonado de todo corazón a su enemigo. ¡Por eso me acuesto sin cenar tantas noches!

El Liberal, 8 de septiembre de 1893.

Apostasía

Cuando Diego Fortaleza visitó la ciudad de Villantigua, sus amigos y admiradores le tributaron una ovación que dejó memoria. Es de notar que a la ovación se asociaron todas las clases sociales, distinguiéndose especialmente las señoras y el clero. Y nada tiene de extraño que despertase entusiasmo y cosechase fervientes simpatías mozo tan elocuente, de tanto saber, de corazón tan intrépido y fe tan inquebrantable: el de la frase briosa y acerada, que defendía en el Parlamento y en el periódico, en los círculos y en los ateneos, los puros ideales del buen tiempo viejo, la santa intransigencia, las creencias robustas de nuestros mayores y todo lo que constituyó nuestra gloria y nuestra grandeza nacional. A la voz de Diego Fortaleza, derrumbábase el hueco aparato de la ruin civilización presente: resurgía la visión heroica del poderío y del vigor moral que demostramos antaño, y dijérase que nuestro eclipsado Sol volvía a fulgurar en los cielos. Paladín y poeta a la vez, Diego arrullaba las esperanzas muertas, y los que le escuchaban creían firmemente que del caos de nuestra actual organización no podía tardar en salir reconstituida sobre sus venerados cimientos la España de ayer, la sana, la honrada, la amada, la llorada, la eterna.

Echaron, pues, la casa por la ventana en Villantigua para obsequiar al que llamaban Niño de Plata del partido. Hubo solemne velada en el Círculo tradicionalista, con mucho piano, himnos, discursos y lectura de composiciones poéticas alusivas; al final, cuando Diego se levantó a pronunciar «dos palabras», estallaron inmediatamente aplausos frenéticos, y a la salida fue llevado a su residencia casi en triunfo. No faltó la serenata, ni el banquete monstruo de ciento ochenta cubiertos, ni se omitió la jira a las pintorescas orillas del Narrio, ni la visita a la Virgen de la Ortigosa. Las gentes de fuste de Villantigua sobra decir que se rifaban a Diego, el cual todos los días se veía precisado a rehusar, en galante forma, varios convites, pues si fuese a comer dondequiera que le invitaban, no tendría bastante con una docena de estómagos.

Últimamente, cansado ya de enseñarle iglesias y paisajes, museos provinciales y fábricas, los gabinetes de física e *Historia natural* del Instituto, y hasta la colección de monedas medallas que el respetable numismático señor Mohoso, C. de la Historia, ocultaba a todo el mundo como un crimen y por especial favor dejó admirar a Diego, los admiradores del joven diputado resolvieron llevarle a la casa de Orates, o dígase al manicomio.

Con gran acompañamiento de médicos y sacerdotes entró Diego en la morada triste. El director, avisado de antemano, había puesto orden en las dependencias, procurando que resaltase y luciese la inteligencia de su gestión. Sonriendo picarescamente, llevó a Diego al departamento de las locas, por donde pasaron aprisa, pues a algunas infelices las exaltaba la presencia del varón, y quitado de su espíritu el freno de la vergüenza, que la razón no quebranta jamás, declaraban con palabras y aun con acciones su penoso extravío. Llegados al departamento de los hombres, el director fue mostrando a Diego varios casos curiosos y dignos de ser observados: un loco místico, cuya manía era haberse encerrado en una cueva y practicar allí la pobreza, la austeridad y la oración; un inventor que enseñaba los planos de un globo dirigible a voluntad y una mecánica de palitroques con la cual declaraba resuelto el problema del movimiento continuo; un enamorado que escribía el nombre de su amada hasta en las suelas de las botas, y un economista que proponía planes de hacienda dignos del famoso arbitrista de Quevedo. Entre tanto tipo original, vio Diego uno que pareció despertar en sumo grado su interés.

Era un vejezuelo calvo, pálido, de ojos sumidos y párpados amarillentos. Su rostro tenía algo de sepulcral; diríase que ya no estaba en el mundo de los vivientes: la ausencia de color, la inmóvil solemnidad de su fisonomía, eran propias de cadáver. Su voz resonaba hueca y sorda, sin inflexiones. Hablaba con escogida frase, con palabras dignas y majestuosas, y tomó por asunto del discurso, que dirigió a Diego, la injusticia que se cometía al retener cautivo, y en el manicomio, a un hombre cuyo único delito consistía en haber realizado, a fuerza de cavilaciones, cierto descubrimiento soberano.

Como Diego le preguntase qué descubrimiento era ése, el loco explicó que se trataba nada menos que de parar el mundo, el pícaro mundo en que habitamos y que hasta que el día no ha cesado de rodar con perenne y vertiginoso volteo. Ese giro incesante —añadió el loco— es la causa de todos nuestros males y luchas. ¿Se concibe que existan paz, estabilidad, instituciones duraderas y próvidas, en un planeta desquiciado, precipitado en carrera insensata a través del espacio y sometido a una trepidación profunda que todo lo desmorona y lo hace polvo? ¿Es mucho que pasen y se desvanezcan los imperios, las civilizaciones, las grandezas y poderíos, si el mundo, epiléptico, agitado por perpetua convulsión, no puede evitar cubrirse de ruinas, destrozarse a sí propio, en el estéril y vano temblor que le consume?

El verdadero redentor de la Humanidad sería el que lograse fijar con clavos de diamante la esfera andariega y corretona, dándole la hermosa quietud, la serenidad del reposo, la grandeza de lo inmutable que ya por sí solo tiene algo de divino. Y ese redentor estaba allí: era él, indignamente sujeto entre cuatro paredes por los que no le comprendían, ni se daban cuenta de los beneficios del invento.

Y el loco desarrollaba su vasto plan, el sistema de poleas, pesos, compensaciones, tornillos y barras que habían de fijar, mal de su grado, al rebelde planeta, quitándole las ganas de hacer cabriolas...

—¡Con qué atención oía nuestro don Diego a ese demente! —observó el director, siempre bromista, cuando salieron del patio—. Hasta parece que se ha quedado meditabundo. ¿A que sí?

—En efecto —contestó Diego, alzando la cabeza—, le aseguro a usted que me ha dado qué pensar el hombre.

—¡Extraña manía! —advirtió uno de los que acompañaban a Diego, rico propietario muy rígido y neto en sus ideas—. Es el primer caso que veo.

Diego calló, y al día siguiente salió de Villantigua, despedido por entusiasta multitud que quiso vitorearle una vez más.

Honda y amarga fue la decepción que padecieron los villantigüenses o villantigüeños aquel invierno mismo, cuando se reunieron las Cortes. ¡Diego Fortaleza, el propio Diego, el Niño de Plata, el adalid del pasado, apostató, reconociendo lo presente, deponiendo su actitud quijotesca y noble, envainando su fulgurante espada de arcángel exterminador, y dedicándose exclusivamente a una campaña de moralidad administrativa, raquítico fin de tan brillantes esperanzas! La Voz del Empíreo le excomulgó, y La Santa Maldición fue más lejos, pues le supuso vendido al Gobierno por un plato de lentejas viles. En Villantigua se organizó un comité numeroso, sin más programa que el de silbar a Diego Fortaleza cuando aporte otra vez por allí, ¡que no aportará el muy Judas!

La única persona que aún habla bien de Diego es el director del manicomio, porque el joven diputado le envió varias cajas de soberbios Londres, con encargo de ofrecer una al loco que ha descubierto la manera de parar el mundo.

El Imparcial, 25 de septiembre de 1893.

La flor de la salud

—No lo dude usted —declaró el médico, afirmándose las gafas con el pulgar y el anular de la abierta mano izquierda—. He realizado una curación sobrenatural, milagrosa, digna de la piscina de Lourdes. He salvado a un hombre que se moría por instantes, sin recetas, ni píldoras, ni directorio, ni método... sin más que ofrecerle una dosis del licor verde que llaman esperanza... y proponerle un acertijo...

—¿Higiénico?

—¡Botánico!

—¿Y quién era el enfermo?

—El desahuciado, dirá usted; Norberto Quiñones.

—¡Norberto Quiñones! Ahora sí que admiro su habilidad, doctor, y le tengo, más que por médico, por taumaturgo. Ese muchacho, que había nacido robusto y fuerte, al llegar a la juventud se encenagó en vicios y se precipitó a mil enormes disparates, apuestas locas y brutales regodeos: tal se puso, que la última vez que le vi en sociedad no le conocía: creí que me hablaba un espectro, un alma del otro mundo.

—El mismo efecto me produjo a mí —repuso el doctor—. Difícilmente se hallará demacración semejante ni ruina fisiológica más total. Ya sabe usted que Norberto, rico y refinado, vivía en un piso coquetón, muy acolchadito y lleno de baratijas; su cama, que era de esas antiguas, salomónicas y con bronces, la revestían paños bordados del Renacimiento, plata y raso carmesí. Pues le juro a usted que en la tal cama, sobre el fondo rojo del brocado, Norberto era la propia imagen de la muerte: un difunto amarillo, con tez de cera y ojos de cristal. Para acentuar el contraste, a su cabecera estaba la vida, representada por una mujer mórbida, ojinegra, de cutis de raso moreno, de boca de granada partida, de lozanísima frescura y alarmante languidez mimosa: la enfermera que manda el diablo a sus favoritos para que les disponga según conviene el cuerpo y el alma.

Norberto me alargó la mano, un manojo de huesos cubiertos por una piel pegajosa que ardía y trasudaba, y mirándome con ansia infinita, me dijo cavernosamente:

—No me deje usted morir así, doctor. Tengo veintiséis años, y me da frío la idea de invernar en el cementerio. Es imposible que haya usted agotado todos los recursos de la ciencia.

¡El ruego me conmovió, y eso que la práctica nos endurece tanto! Tuve una inspiración; sentí un chispazo parecido al que debe de percibir el creador, el artista..., y con los ojos hice seña de que la individua estorbaba.

—Vete, chiquilla —ordenó, sin más explicaciones, Norberto.

Y nos quedamos solos.

Le apreté la mano con energía, y sacando el pomo del consabido licor verde, lo derramé en sus labios a oleadas.

—Ánimo —le dije—. Usted va a sanar pronto. Volverá usted a tener vigor en los músculos, hierro en la sangre, oxígeno en el pulmón; las funciones de su organismo serán otra vez normales, plácidas y oportunas: el ritmo de la salud hará precipitarse el torrente vital, rápido y gozoso, de las arterias al corazón, y subiéndolo luego al cerebro despejado, engendrará en él las claras representaciones del presente y los dorados sueños del porvenir... Estoy seguro de lo que prometo; seguro, ¿lo oye?: usted sanará. No debo ocultarle a usted que la ciencia, lo que se dice la ciencia, ya no me ofrece recurso alguno nuevo ni útil. Humanamente hablando, no tiene usted cura; pero donde acaba la naturaleza principia lo sobrenatural y portentoso, que no es sino lo desconocido o inclasificado... La casualidad me permite ofrecer a usted el misterioso remedio que le devolverá instantáneamente todo cuanto perdió.

Cualquiera pensaría que al hablarle así a Norberto iba a mirarme con honda desconfianza, sospechando una piadosa engañifa. ¡Ah, y qué poco conocería quien tal imaginase la condición de nuestro espíritu, en cuyos ocultos repliegues late permanente la credulidad, dispuesta a adoptar forma superior y llamarse fe! Los ojos de Norberto se animaban; un tinte rosado se difundía por sus pómulos. Ansioso, incorporado casi, se cogía a mi levita, interrogándome con su actitud.

—Hay —le dije— una flor que devuelve instantáneamente la salud al que tiene la fortuna de descubrirla y cortarla por su propia mano. Esta condición precisa, y el no saberse dónde ni cuándo se produce la tal flor, son causa de que por ahora se hayan aprovechado de ella poquísimos enfermos. Digo que no se sabe dónde ni cuándo se produce, porque si bien suele encontrarse en las más altas montañas, también afirman que brota en la orilla del mar, a poca profundidad, entre las peñas; pero a veces, en leguas y leguas de costa o de monte, no aparece ni rastro de la flor. En cambio, tiene la ventaja de que no puede confundirse con ninguna otra: ¡imagínese usted la alegría del que la ve! Es del tamaño de una avellana: su forma imita bastante bien la de un corazón; su color, encarnado vivísimo; el olor, a almendra. No la equivoca usted, no. Pero si va usted acompañado; si es otro el que la coge..., entonces, amiguito, haga usted cuenta que perdió malamente el tiempo.

No afirmo que Norberto creyese a pies juntillas lo que yo iba encajándole con imperturbable seriedad y calor persuasivo. Si he de ser franco, supongo que dudó, y hasta me tuvo a ratos por un patrañero, un visionario o un socarrón malicioso. Sin embargo, yo sabía que no habían de caer en saco roto mis palabras, porque a la larga siempre admitimos lo que nos consuela, y más en la suprema hora en que nos invade la desesperación y quisiéramos agarrarnos aunque fuese a un hilito de araña muy sutil. La expresión del rostro de Norberto cambió dos o tres veces; le vi pasar del escepticismo a la confianza loca, y, por último, tomándome la mano entre las suyas febriles, exclamó trémulo de afán:

—¿Puede usted jurarme que no se está burlando de un moribundo?

No sé si usted conoce mi modo de pensar en esto del juramento. Le atribuyo escasísimo valor; es una fórmula caballeresca, romántica e idealista, que entraña la afirmación de la inmutabilidad de nuestros sentimientos y convicciones —de que se derivan nuestros actos—, siendo así que la idea y la acción nacen de circunstancias actuales, vivas y urgentes. No dando valor al juramento, ni moral tampoco se lo da al perjurio. Juré en falso, pues, con absoluta frescura, calma y convencimiento de hacer bien; y juré en falso, invocando el nombre de Dios, en la seguridad de que Dios, que es benigno, también quería que el milagro se hiciese...

Y empezó a hacerse desde aquel mismo punto. Norberto, electrizado con la certeza de poder vivir, se irguió, se echó de la cama, sin ayuda de nadie fue hasta la puerta, llamó a su ayuda de cámara y le ordenó preparar inmediatamente maletas y mantas de camino...

—Solito, ¿eh? —le repetí—. ¡No olvidarse!

¡Solito! Ya lo creo que se fue solito Norberto. Desde su partida, todas las mañanas me desperté con miedo de recibir la esquela orlada de luto. Pasó, sin embargo, año y medio; encontré a los amigos del enfermo; averigüé que nada se sabía de su paradero, pero que vivía. Y al cabo de dieciocho meses, una tarde que me disponía a salir y ya tenía enganchado el coche para la visita diaria, entró como un huracán un fornido mozo, de traje gris, de hongo avellana, de oscura barba, de rostro atezado, que me estrujó con ímpetu entre los brazos musculosos y recios.

—¡Soy yo! —repetía con voz sonora y alegre—. ¡Norberto! ¿No me conoce usted? No me extraña; debo de estar algo variado... ¿Qué le parezco? ¡Cuánto se ha reído usted de mí! Y lo peor es que ha hecho muy bien, muy bien. Si no es por usted, no encuentro la flor de la salud. ¿La ve usted? Aquí la traigo.

Abrió un estuche de cuero de Rusia y vi brillar sobre raso blanco un alfiler de corbata de un solo rubí, cercado de brillantes, en forma de corazón, que me entregó entre empujones amistosos y carcajadas.

—La he buscado primero a orillas del mar. Todos los días registraba las peñas. Al principio me cansaba tanto, que me daban síncopes largos en que pensé quedarme. Pero me sostenía la ilusión de descubrir la flor. El aire del mar y el perseverante ejercicio me prestaron alguna fuerza. Ya no me arrastraba: andaba despacio. Registré bien la costa, peñón por peñón: la flor no la vi. Entonces me interné en un valle muy rústico y retirado. Me pasaba todo el día agachadito, busca que te buscarás. Vivía entre aldeanos. Comía pan moreno y bebía leche. A cada paso me encontraba mejor... ¡Usted adivina lo demás! De allí subí a las montañas nevadas y fieras, que en otro tiempo me parecían horribles... Trepé a los picachos, recorría los desfiladeros, evité los aludes, cacé, tuve frío, dormí a dos mil metros sobre el nivel del mar... Y un día, embriagado por el ambiente purísimo, sintiendo carnes de acero bajo mil piel de bronce, recuerdo que caí de rodillas en una meseta, y creí ver entre el musgo nuevo, húmedo y escarchado por el deshielo, la roja flor.

—¡Pues ahora que se ha cogido la flor —advertí al mozo—, a cuidarla! ¡Que no se seque!

Norberto volvió la cara... Al anochecer del día siguiente le vi por casualidad, de lejos; acompañaba a una mujer, y me pareció que se escurría entre callejuelas, para no tropezarme. Entonces —me había dejado sus señas— le escribí este lacónico billetito:

«El santo doctor••• no repite los milagros.»

El Liberal, 26 de junio de 1893.

La flor seca

El conde del Acerolo no había dado mala vida a su esposa; hasta podía preciarse de marido cortés, afable y correcto. Verificando un examen de conciencia, en el gabinete de la difunta, en ocasión de hacerse cargo de sus papeles y joyas, el conde solo encontraba motivos para alabarse a sí propio: ninguno para que la condesa se hubiese ido de este mundo minada por una enfermedad de languidez. En efecto; el matrimonio —según el criterio sensatísimo del conde— no era ni por asomos una novela romántica, con extremos, arrebatos y desates de pasión. ¡Ah, eso sí que no podía serlo el matrimonio! Y el conde no recordaba haber faltado jamás a estos principios de seriedad y cordura. Se le acusaría de otra cosa; nunca de poner en verso la vida conyugal. La respetaba demasiado para eso. No hay que confundir los devaneos y los amoríos con la santa coyunda. Y no los confundía el conde.

Abiertos el secrétaire y los armarios de triple Luna, su contenido aparecía patente, revelando todos los hábitos de una señora elegante y delicada. La ropa blanca, con nieve de encajes sutiles; las ligeras cajas de los sombreros; las sombrillas de historiado puño; el calzado primoroso, que denuncia la brevedad del estrecho pie; las mantillas y los volantes de puntos rancios y viejos, en sus saquillos de raso con pintado blasón; los abanicos inestimables en sus acolchadas cajas; los guantes largos de blanda Suecia, que aún conservan como moldeada la redondez del brazo y la exquisita forma de la mano..., iban saliendo de los estantes, para que el viudo, de una ojeada sola, resolviese allá en su fuero interno lo que convenía regalar a la fiel doncella, lo que debía encajonarse y remitirse al Banco, por si andando el tiempo..., y lo que, a título de recurso cariñoso, debía ofrecer a las amigas de la muerta, entre las cuales había algunas muy guapas... ¡Ya lo creo que sí!

Esparcíase por el ambiente un perfume vago y suave, formado de olores distintos: el iris de la ropa interior, el sándalo y la raíz de violeta de algún abanico, el alcanfor disipado de las pieles, el heliotropo de las mantillas que tocaron al cabello, y la madera de cedro de los cajones. Cuando el conde hizo girar la tapa del secrétaire y empezó a registrarlo, la fragancia fue más viva: el saquillo del papel timbrado y el cuero de Rusia de los estuches del guardajoyas se unieron a los imperceptibles efluvios que ya saturaban el aire, comunicándoles algo de vivo y embriagador, como si del profanado secrétaire fuese a salir un interesante drama.

Metódicamente, el conde escudriñaba los diminutos cajoncitos, y con instintiva curiosidad se apoderaba de las cartas y las repasaba aprisa. Eran de esos billetes —en papel grueso de caprichosa forma, trazados con letra inglesa de prolongado rasgo rectilíneo— que se cruzan entre damas, y que no contienen nada íntimo ni serio. La chimenea estaba encendida, y sobre la pirámide de inflamados troncos fue el conde dejando caer aquellos desabridos papeles. Cuando ya no quedó en el secrétaire ningún manuscrito, sintióse alegre el conde —alegre sin causa— y procedió al expurgo de otros cajones en que se contenía mil monadas revueltas con joyas y dijes.

Al llegar al cajoncito central, tiró con más cuidado y lo sacó del todo; porque no ignoraba que el secrétaire —magnífico mueble hereditario— tenía lo que se llama un secreto: un hueco entre el cajón y las columnas de cincelado bronce que lo encerraban, hueco en que nuestros candorosos y felices abuelos solían encerrar rollos de onzas.

El escondrijo solo contenía una bolsita de raso, y dentro, un diminuto envoltorio de papel de seda, algo oscuro y gastado, como si hubiese permanecido mucho tiempo en la bolsa. Esta, a su vez, mostraba señales evidentes de haber estado en contacto con una epidermis, pues la más limpia siempre empaña la superficie del raso. El conde deshizo el envoltorio, y vio adherido al último doblez un ancho pensamiento, prensado y conservado perfectamente. Sobre las hojas amarillas de la flor había escrita, en letra microscópica y desconocida, una detallada fecha: año, mes, día y hora. Era bastante reciente la fecha, y anterior a la época en que la condesa empezó a decaer, hasta postrarse herida de muerte.

El primer efecto que el hallazgo produjo en el conde fue un estupor solo comparable al de cierto personaje de El barbero, cuando sorprende a don Alonso y Rosina en coloquio harto animado. La inofensiva florecilla le pareció la cabeza de Medusa. Sus pétalos de crespón adquirieron desmesuradas proporciones, y a modo de negras alas de gigantesco pajarraco, palpitaron y le envolvieron, aturdiéndole. ¿Qué demonios era aquel pensamiento de Lucifer? ¿Qué conmemoraba? ¿Qué sentido debía atribuirse a la minuciosa inscripción? Eso: ¿qué sentido? En lo del sentido hizo hincapié el conde...

Su despecho, su indignación fueron tales, que pisoteó la flor maldita, reduciéndola a polvo. Y casi al punto mismo se acordó de que era preciso no olvidar la fecha, si algo había de rastrear de aquella grande, imprevista y espantosa infamia... Cogió papel y pluma y apuntó la fecha cuidadosamente antes que se le borrase de la memoria. Después, bufando y con ganas de romper algo, dio un puntapié al secrétaire y desparramó los estuches de collares y brazaletes. Ciego y desatentado, registró a empellones el mueble entero, con esperanzas de encontrar algo más que le iluminase: volcó cajones, destripó cajas, y convencido ya de que el secrétaire nada acusador contenía, lanzóse a los armarios y empezó a echar al suelo ropas y prendas de vestir, que cayeron en revuelto montón: a abrir los saquillos, a revolverlo y remirarlo todo..., sin que ni el más leve indicio, la más insignificante menudencia sospechosa, viniese a descifrar la oscura, pero elocuentísima revelación del saquito.

«¡Cuán preferible sería —pensaba el viudo— encontrar uno de esos mazos de correspondencia, atados con la indispensable cinta, que no dejan lugar a la duda, que narran la historia del atentado y descubren el nombre del cómplice! Una flor seca, una fecha en sus hojas..., ¿qué expresan, qué quieren decir? ¿Son una ñoñería idílica, el tímido primer paso, o sirven de insolente emblema al último baldón que cabe arrojar sobre un marido? ¿Quién había dado a la condesa el pensamiento? ¿Qué mano criminal trazó la fecha? El conde repasó nombres, recontó personas... ¡Bah! ¡Se trata a tanta gente; son tantos los primos, amigos del esposo, hermanos de amigas, conocidos de sociedad, parejas del rigodón, en quienes podrían recaer las sospechas de maldad tan inicua como robar en la sombra el honor y la calma al conde del Acerolo!

¡Si él pudiese concretar la fecha y partir de ese dato para saber cómo empleó su esposa el día fatal; adónde fue; quién la acompañó; quién vino a casa con ella!

El conde oprimió el botoncito de la campanilla y dio tres sacudidas. Entró la doncella de la difunta dama.

—Conteste usted claro y pronto. ¿Qué hizo su señora de usted tal día..., tal mes..., tal año?...

La chica le miró atónita.

—¿Señor conde?... El señor conde quiere que yo le diga... Pero ¡El señor bien comprende que es imposible acordarse! ¡Sobre que se le olvida a una lo que una misma hizo ayer, señor conde!

Obcecado y todo como se hallaba, el viudo conoció la razón, y dejó libre a la admirada y escamada sirviente. Casi al punto, una inspiración súbita le movió a sacudir el botoncito dos veces seguidas:

—Manuel tiene un memorión..., ¡un memorión ya fastidioso de puro exacto! Quizá recuerde... ¡A ver!

A la pregunta sacramental: «¿Qué hizo la señora tal día..., tal mes..., tal año?...», contestó, en efecto, el ayuda de cámara, algún tanto risueño, y con tono meloso, sin separar del suelo la vista:

—Lo que hizo la señora, no lo sé...; pero ése es un día en que tengo muy presente lo que hizo vuestra excelencia... Porque justamente... vamos...

—A ver..., ¿qué? ¿Qué justamente es ése? ¿Qué hice yo ese día?

—¿Quiere el señor que lo diga?

—¿Hablo chino? Contesta a escape.

—La víspera pasó vuestra excelencia la noche fuera..., ¡una casualidad!, porque el señor no solía pasar fuera muchas... Le llevó el coche..., ya sabe vuestra excelencia..., al barrio... Y para que la señora no maliciase nada vine yo a contarle que el señor estaba en la Venta de la Rubia corriendo liebres, y que hasta muy tarde no volvería... Volvió su excelencia pasada la hora de comer; pero la señora se había retirado ya.

No chistó el conde, y el criado hizo mutis discretamente.

El Liberal, 7 e agosto de 1893.

La cruz roja

En pintoresco caminito de aldea, no lejos de la costa, hay un sitio que siempre tuvo el privilegio de fijar mi atención y de sugerirme ideas románticas. Aquel nogal secular, inmenso, de tronco fulminado por el rayo; aquel crucero de piedra, revestido de musgo, de gradas rotas, casi cubiertas por ortigas y zarzas; y, por último, en especial, aquel caserón vetusto de ventanas desquiciadas y sin vidrios, que el viento zapateaba, y que tenía sobre la puerta, ya revestida de telarañas, fatídica señal: una cruz trazada en rojo color, parecida a una marca sangrienta...

¿Quién habría plantado el nogal, erigido el crucero y habitado la casa? ¿Quién estamparía en su fachada la huella de sangre? ¿Qué drama oscuro y misterioso se desarrolló entre aquellas cuatro paredes, o a la sombra de aquel nogal maldito, o al pie del signo de nuestra redención? ¿Por qué nadie vivía ya en el siniestro edificio, y cómo su actual dueño la dejaba pudrirse y desmoronarse, si no era que el recuerdo de la desconocida tragedia le erizaba el cabello, impulsándole a huir de tan funestos lugares?

Solíamos pasar ante la casa muy de prisa, a caballo, de vuelta de alguna excursión, y nunca se veía por allí alma viviente a quien preguntar. En las aldeas vecinas tampoco di con persona que supiese nada positivo de la roja cruz. Solo conseguí respuestas reticentes, movimientos de cabeza significativos, indicaciones vagas: la casa llevaba su estigma; a la casa no convenía acercarse. ¿Por qué? Sobre esto, chitón. Estaba deshabitada desde hacía veinticinco años lo menos; nadie supo decirme el nombre ni la condición de sus últimos moradores. Ni siquiera averigüé quién la poseía en la actualidad. Llegué a creer que todo lo concerniente a la ruinosa casa estaba envuelto en densas tinieblas.

Esto mismo me determinó a indagar por distintos medios. Cierto día, provistos de una escalera de mano, a la casa nos dirigimos. El cielo, cómplice de nuestra imaginación, aparecía cargado de nubarrones densos y plomizos, amagando borrasca.

Al llegar al pie del crucero, sulfúrea exhalación alumbró con luz azulada el horizonte, y un trueno lejano hizo empinar a los caballos las orejas. Echamos pie a tierra, dispuestos a realizar nuestro propósito, que no ofrecía dificultad alguna; tratábase de entrar en el caserío, no por la puerta, sino por la ventana de arrancados goznes.

Saltamos dentro de una sala grande, que comunicaba con una alcoba, donde aún se veía esparcida la hoja de maíz del jergón. De un clavo colgaban hábitos eclesiásticos: una sotana raída y unos apolillados manteos. Nos estremecimos: sus fúnebres pliegues remedaban sobre la pared la silueta de un cura ahorcado. No sin cierta aprensión recorrimos la casa, y también con algún peligro, pues las tablas carcomidas del piso temblaban, y recelábamos que alguna viga o algún pedazo de roto techo, al desprenderse, nos aplastase. Era, sin embargo, el edificio de recia construcción, y aún podía resistir años. No estaba la vivienda desmantelada del todo: quedaban muebles en muchas habitaciones; en la cocina aún se veían las cenizas del último fuego. Registramos intrépidamente, sin que nos arredrase ni el mal estado del edificio ni los avechuchos que salían de los rincones, despavoridos y asquerosos. Esperábamos a cada momento hallar en el piso inveteradas manchas de sangre, o descubrir un esqueleto en las arcas que abríamos. Curioseamos hasta la artesa del pan. Ni rastro de crimen; mas no por eso apagó sus fuegos nuestra imaginación. ¿Acaso todos los crímenes dejan rastro?

Íbamos de un aposento a otro, ceñudos, sombríos, preocupados y con caras de jueces. No nos comunicábamos impresiones: cada cual quería ser el primero a olfatear el drama. Salimos de allí cuando no nos quedó nada por ver, y emprendimos la vuelta al pazo, reconcentrados y silenciosos, rumiando la historia que se había forjado cada uno. Las cuatro novelas partían de un mismo dato evidente, auténtico: quien vivía en la casa maldita era un cura.

A la hora de la cena, cuando las patatas cocidas con su piel humeaban en los platos de peltre, y el fresco mosto del país teñía de líquido granate el vaso de antigua talla, las lenguas se desataron, y por turno formulamos nuestras hipótesis.

—El cura —afirmó sentenciosamente el cazador viejo— estaba podrido de dinero. ¿No han visto tanta arca y tantísimo cofre? Todo para encerrar los ochavos. Prestaba a rédito y chupaba la sangre a los infelices. Una noche se metieron seis enmascarados en la casa: eran los deudores más comprometidos, que ya los iba a ejecutar la justicia y a dejarlos sin cama ni techo. El cura tenía una criada vieja y sorda... ¿Que cómo lo sé? Porque la maldita ni sintió ladrar al perro ni entrar a los ladrones, y ellos tuvieron que forzar la puerta del cuarto en que dormía... ¿No han visto la cerradura violentada? Bueno; pues los ladrones, así que se hallaron dentro, después de atar a la sorda, van, ¿y qué hacen? Me agarran al cura y me lo llevan a la cocina, y me lo descalzan, y me lo aplican los pies a la lumbre... El hombre canta y suelta los cuartos. Los ladrones le acercan más a la brasa. «Dinos dónde tienes las obligas, o te asamos como a San Lorenzo.» Y así que aciertan con las obligas, las traen a brazados, y sin cuidarse de escoger las suyas, las echan al fuego y arden las deudas de toda la comarca... ¿No se acuerdan que en el hogar había ceniza muy negra, así como de papeles quemados?... Antes de la madrugada se larga la gavilla, dejando al cura moribundo, y al salir pintan en la puerta la cruz roja, como el que dice: «No vinimos a robar, sino a castigar a un usurero infame.»

—¡Ah! —exclamó el cazador joven—. Todo eso no lleva traza. Lo que ahí pasó fue que el cura tenía una sobrina muy bonita y moza, que vivía con él. ¿No repararon, en el cuarto de la cerradura rota, en unas sayas de mujer y unos zapatos bien hechos, pequeños, llenos de polvo, en un rincón? Pues el cura se chifló por la sobrina, y empezó a darle vueltas a la idea..., y andaba como loco: ni dormía ni comía. Sucedió que la rapaza se echó novio, y trataba de casarse, y el tío, cuando lo supo, daba con la cabeza por las paredes. Vino una noche en que el demonio le tentó más fuerte que otras..., y en puntillas se fue al cuarto de la rapaza; pero como estaba cerrado con llave, tuvo que forzar la cerradura... ¡Y mientras tanto, ella saltó por la ventana y escapó para casa del novio, y el novio, para avergonzar al cura y amenazarle, pintó en la puerta la cruz colorada!

Había oído las dos versiones el coronel retirado, y la sonrisa medio burlona y medio desdeñosa no se apartaba de sus labios, fija entre el erizado y canoso bigote.

—Señores, yo lo veo de otro modo..., y mi explicación es tan clara y tan sencilla, y se justifica tan bien con ciertos detalles existentes en la casa, que no sé cómo no se les ha ocurrido a ustedes. El cura, cuando andaban mal las cosas políticas, se señaló por su ideas carlistas, como uno de tantos, y eso le valió persecuciones y molestias de todo género. Él era hombre de armas tomar; habrán ustedes observado que en varios muebles se conservan tacos, restos de cajas donde hubo pólvora, perdigones y balines. Un día le salieron al camino para apalearle, pero él les zorregó un tiro y dejó malherido al que cogió más cerca. Comprendió entonces que le iban a echar a presidio; llegó a casa, tomó dinero, colgó los hábitos de aquel clavo y pasó a Portugal, y por Badajoz se unió en Extremadura a las facciones. Al salir, él mismo pintó la cruz roja, como quien dice: «Guerra en nombre de Dios.»

Era llegado mi turno de arriesgar la hipótesis propia, o de aceptar alguna de las ajenas. No me correspondía quedarme atrás en imaginación, y he aquí lo que me inspiró este numen:

—Ustedes han visto en la casa mil detalles que, en su opinión, revelan al usurero, al enamorado energúmeno y al trabucaire... Yo me he fijado, especialmente, en otros que descubren al sacerdote estudioso, al místico solitario y enfrascado en meditaciones que acaban por trastornarle el seso. Tanto libro apolillado, en montones que devoran las ratas; tanta estampa devota colgada de las paredes, delatan las preocupaciones favoritas del infeliz que allí vivió. No le creo un sabio: para mí, su cerebro era pobre, y la lectura, en vez de iluminarlo, lo poblaba de fantasmas, que bien pronto adquirieron cuerpo y se convirtieron en horribles dudas y en extravagancias heréticas. Tal vez en su perturbado meollo renacieran las viejísimas doctrinas antitrinitarias de Sabelio; tal vez negó la consustancialidad del Verbo, como Arrio, o la humanidad de Cristo, como Nestorio; o la absorbió en la divina, como Eutiquio; o soñó, cual los maniqueos, que el diablo comparte con Dios el dominio del Universo; o desconoció las virtudes de la gracia, como Pelagio; o cayó en los éxtasis y las flagelaciones de los montanistas... Imprudente y fanatizado, no supo callar, y entre los demás clérigos cundió la noticia de que sostenía proposiciones condenables, anticanónicas, dignas de tremendo castigo. Y corrió la voz, y fue aislado en su guarida, y los aldeanos le huyeron persignándose. Cada vez se secó más su cerebro; en vano su leal criada le escondió los libros fatales con propósito de quemarlos; él forzó la puerta del cuarto y los sacó y se engolfó en ellos y en sus cavilaciones y austeridades, hasta que, acabado de perder el juicio, negóse a comer por penitencia, y expiró diciendo que veía los cielos de par en par y los ángeles sobre nubecillas de oro, con palmas, coronas y muchos violines... El rayo hirió el árbol que daba sombra a la casa; y el pueblo, no conociendo que el hereje era un pobre mentecato, trazó en su puerta, en señal de reprobación y sentencia de infierno, la sangrienta cruz.

No necesito decir que todos cuatro sostuvimos nuestra respectiva versión con lujo de argumentos y pruebas. Cuando más nos habíamos enzarzado en la disputa, ladraron los perros, bajó el gañán a abrir la portalada, y entró el notario de Cebre, dispuesto a terciar en la partida de tresillo con que engañábamos las noches. Enterado del asunto que discutíamos, soltó una carcajada zafiota, se pegó un cachete en el testuz y exclamó, sin cesar de reír:

—¡Alabada la Virgen, lo que discurren! Pero ¡santos de Dios, si nunca en tal casa hubo ni sombra de cura!

—Pues ¿y los hábitos? ¿Y los libros? ¿Y...?

—Miren, esa casa... ¿Por qué no me preguntaron? ¡Se ahorraban el viaje y la visita a las ratas y a los ciempiés! Esa casa fue de una buena familia, un matrimonio y una cuñada o hermana que vivía con ellos. Cuando el cólera..., ¿no saben?, ¡que lo hubo terrible!, les murió en el pueblo un tío cura, dejándolos por herederos. Al marido le tentó la codicia, y fue a recoger la herencia. La trajo en ocho o nueve arcas y baúles; pero también trajo el cólera. La gente ya lo olfateaba; nadie se acercó a la casa, y le pusieron esa señal de almazarrón, como quien dice: «Escapar de aquí.» Y en la casa y sin auxilio perecieron los tres con diferencia de horas. La cuñada se encerró en su cuarto para morir en paz y no oír los lamentos de la hermana... Hubo que romper la cerradura para sacar el cuerpo y enterrarlo. Esos manteos y esa sotana que ustedes vieron, a la cuenta eran de la herencia también, y los colgarían en el primer momento para que no se apolillasen... De bastante les sirvió.

Quedamos callados y confusos los novelistas. Yo pensaba en las tres víctimas, expirando solas en una casa abandonada que aisló el miedo, y deducía que, bien mirado, lo real es tan patético como la ficción. Al mismo tiempo compadecía a los jueces que, registrando el teatro de un crimen, buscan la huella del reo, y a los historiadores que interpretan documentos caducos.

Nuevo Teatro Crítico, núm. 30, 1893.

Linda
Después de una larga carrera literaria de trabajo y lucha, Argimiro Rosa no había conseguido, ya no digamos la gloria, ni siquiera asegurar el cotidiano sustento. La extrañeza de su nombre y apellido, que juntos parecían formar caprichoso seudónimo, le fue útil al principio, en esos años juveniles en que brotan reputaciones efímeras, pronto derrocadas, si no descansan en merecimientos positivos. Las primeras poesías y artículos inocentes de Argimiro Rosa se leyeron con cierto interés, y quedó en la memoria de muchos el eco de tan raro nombre. «¡Argimiro Rosa! —decían vagamente—. ¡Argimiro Rosa! Sí, sí, ya caigo... Aguarde usted... En el Semanario..., en el Museo de las familias... En fin, no sé. Debe de ser de aquellos románticos melenudos.»

Verdaderamente, aunque Argimiro llevó largo tiempo trova negra, reluciente y bien atusada, y solo la suprimió al advertir que se gastaba un sentido en remudar cuellos de gabanes, no se le podía afiliar a la escuela romántica genuina. Desde que los editores de obras por entregas hicieron presa en él y le impusieron su estética propia, Argimiro fluctuó entre un seudorromanticismo ojeroso y espeluznante y un seudorrealismo de presidio y taberna. Amarrado al duro banco de la producción forzada y del género de pacotilla, Argimiro imitó por turno y según lo requería el caso a Fernández y González, a Ortega y Frías, a Ayguals de Izco, a Pérez Escrich, en suma, a los maestros del género; y hasta llegó a competir con ellos, disputándoles asuntos efectivistas y melodramáticos encontrados por editores ingeniosos. Cierta popularidad oscura, que le valieron obras como *Los canallas de guante blanco*, *Emperador, fraile y verdugo*, *La Sombra del parricidio* y *Los hígados de un prestamista*, pudo en ocasiones hacerle creer que, si hubiese dispuesto de libertad, dejaría escrito algo más selecto que salvase del olvido su nombre. Pero hacía bastantes años que Argimiro no acariciaba ese luminoso ensueño, hijo de la aurora. Aspiraba únicamente a ganar con sus engendros lo necesario, el duro pan de cada día a fin de no ser gravoso a nadie.

Porque conviene decir que Argimiro guardaba en su alma nociones de innata honradez y de ese nobilísimo orgullo que impulsa a trabajar por la independencia; además, tenía la cautela, la parsimonia, la callada modestia en el vivir que caracterizan a las personas delicadas, en quienes es una segunda Naturaleza la probidad. En este sentido, nadie menos bohemio que Argimiro

Rosa, porque si conoció a fondo el arte de someterse a una privación oculta, ignoró siempre el de rehuirla pidiendo prestado un duro. Bien podía Argimiro no ser ningún geniazo de esos que señalan su paso por el mundo con huella esplendente; pero tampoco era, de fijo, de los que confunden el genio con las trampas.

Hasta cabía sostener la paradoja de que era rico Argimiro porque él no gastaba un céntimo más de sus ganancias y aun economizaba piquillos, que tenía de reserva «para el entierro», solía decir con humorismo apacible. Repugnábale, en efecto, la idea de esos sepelios de caridad a que parecen sentenciados los escritores, y consideraba una profanación de la muerte el sentimentalismo de ultratumba. Quería irse de este mundo como había vivido en él: sin importunar, sin abusar, sin avergonzarse.

Con este criterio, ya se deja entender que Argimiro había renunciado deliberadamente a los intranquilos goces de la familia. Sostener esposa y niños no cabía en los posibles del buen novelista, y ni las horrendas fechorías de la alta aristocracia, ni las inauditas guapezas de los chulos, referidas en interminables entregas, daban para tanto. Se resignó Argimiro a no tener más sucesión que los aventureros de frac y los rufianes de marsellés que creaba a docenas, a brochazos y en menos que canta un pollo, y formó su hogar en una casa de huéspedes, eligiendo patrona de buena entraña, manida y apacible, capaz de servir una tacita de caldo con cierta cordialidad afectuosa; y allí, en el reducido cuartucho, sobre angosta mesa, instaló el molino al vapor de las cuartillas. Solo Dios sabe cuántos raptos, desafíos, asaltos a conventos, intoxicaciones, puñaladas y desafueros de toda clase salieron de aquel modesto asilo, entre la cama de hierro, desvencijada ya, y una cómoda privada de tiradores. Mientras Argimiro deliberaba sobre si convenía emparedar al duque o sería mejor acuchillarle por la espalda, la perrita de aguas, Linda, única compañera de la soledad de Argimiro, dormitaba hecha una rosca, probando que los irracionales son más dichosos que el rey de la creación.

No porque se hubiese condenado a celibato voluntario carecía Argimiro de sensibilidad. Al contrario: su alma tierna rebosaba cariño, y se asfixiaba con no poder desahogarlo. Si Argimiro hubiese sido perfecto —ya se sabe que no puede jactarse de serlo ningún hombre—, no carga con la perrita; al cabo, Linda era un lujo, una superfluidad del corazón, un capricho sentimental, y nadie ignora que el más pequeño, el más humilde de estos caprichos entraña peligros sin cuento. ¡Imprudente Argimiro! ¿De qué te ha servido vedarte lo más dulce, abstenerte de lo más apetecible y natural, no tener esposa que te aguarde en la puerta, hijos que se te agarren a las rodillas? Para ti, el ser viviente que te da la bienvenida con alegres ladridos, que te mordisca y te baba las manos y se tiende en el suelo de puro gozo cuando te ve, que comparte tu lecho y al que guardas siempre el azúcar del café y las golosinas del postre..., te va a costar tan caro como podría costarte ese gran derroche de alma y bolsillo, ese gran poema en prosa que se llama el matrimonio. ¿Qué te valió atrincherarte? Dejaste un portillo, y por él entró la muerte.

A fuerza de velar y de poner la imaginación en tortura para discurrir nuevos desatinos; a fuerza de vida sedentaria y de comidas insulsas, de esas cuyo secreto poseen las pupileras, Argimiro había contraído un padecimiento del estómago que amenazaba arruinar para siempre su salud. El médico, consultado seriamente, opinó que el enfermo necesitaba alimentación escogida y sana, algo muy variado, nutritivo y apetitoso, que a la vez combatiese la atonía y la anemia. De no ser así, auguraba pésimos resultados. Sabia era la prescripción, pero mala de seguir para Argimiro, que pagaba catorce reales de pupilaje y jamás había puesto tacha ni reparo a las negras albóndigas, a la seca lonja de vaca, a las flatulentas judías y a la deslavazada sopa de fideos, si bien le infundían repugnancia indecible.

Quiso la casualidad que el médico, paisano y amigo constante de Argimiro, hablase del asunto con el opulento negociante don Martín Casallena, también paisano y amigo de médico y del escritor. Casallena era un rico de clara inteligencia y sentimientos generosos; adivinó que el enfermo no podía aplicar el método del doctor, y se apresuró a enviar a Argimiro una cartita, convidándole a comer aquella misma noche. El obsequio, aceptado, fue encantador, la señora del banquero prodigó a Argimiro las más corteses atenciones; reinó gratísima confianza en la mesa, y el escritor quedó invitado con empeño para todos los miércoles. Al miércoles siguiente, se extendió el convite también a los sábados, y más adelante, con habilidad piadosa, se le rogó que viniese todos los días, excepto los pocos en que la familia Casallena salía convidada a su vez.

Sorprendente fue el efecto de la reparadora comida en Argimiro. Cesaron los desvanecimientos que nublaban su vista, los dolores agudos y las desconsoladoras molestias diarias; el trabajo se hizo relativamente fácil, el bienestar del estómago contento irradió a todo el organismo. El novelista parecía otro; así se lo decían en la casa de huéspedes y se lo repetían en el café.

Una nube tenía, sin embargo, la reciente dicha de Argimiro. Su conciencia no estaba tranquila: mientras él disfrutaba de tan espléndida hospitalidad y tan opíparos banquetes, la pobre Linda, olvidada y sola, se aburría esperándole, y le acogía con bostezos llorones de hembra nerviosa que no se acostumbra al abandono en que la dejan y se desquita en malos humores y en gimoteos. En la mente de Argimiro nació el propósito de introducir a Linda en la buena sociedad que él frecuentaba. A fuerza de sacar conversaciones, de encarecer su apego a Linda, y las gracias y monerías de Linda, y de insistir en lo acostumbrada que estaba la perrilla a no separarse de su amo, logró que un día exclamase don Martín Casallena:

—Vamos, mañana se trae usted la Linda. Ya tenemos curiosidad de conocer a ese avechucho tan simpático.

—Aunque la señora de Casallena había torcido el gesto a esta espontaneidad de su consorte, Argimiro no quiso oír más, y Linda hizo su entrada solemne en los salones del banquero. Es de advertir que la señora de Casallena adoraba sus magníficos muebles, y no podía resistir que le estropeasen o manchasen las cortinas de crujidora seda y las tupidas y muelles alfombras. Al principio, Linda se condujo muy diplomáticamente en este terreno: correcta y distinguida, cogió las galletitas con la punta del hocico, las devoró en silencio y se hizo una rosca al pie de la chimenea, sobre el guardafuego, sin molestar a nadie. Por desgracia, así que empezó a tomar confianza y a dominar la situación, el animalito fue permitiéndose libertades, al pronto retozonas e inofensivas, después tan descomedidas, inconvenientes y enormes, que una noche yendo la señorita de Casallena a recoger del musiquero la sonata en fa para estudiarla al piano exhaló un chillido ratonil y huyó despavorida a su cuarto, a lavarse las manos con triple extracto de colonia...

Por lo cual, el señor de Casallena llamó aparte al escritor, y con suma política y bastantes rodeos, hubo de manifestarle que la presencia de Linda era incompatible con la tranquilidad de su hogar y el aseo de su mobiliario, y que le rogaba no la volviese a traer adonde producía tales disturbios. Y Argimiro, pálido, demudado y tartamudo de enojo, respondió al banquero que insultar y expulsar a Linda valía tanto como insultarle y expulsarle a él; a lo cual replicó Casallena, a su vez amoscado, que ciertamente merecería la expulsión el dueño si cometiese los mismos desmanes que la perra. Inclinóse Argimiro con altivo gesto; hizo un saludo tieso y forzado, y abandonó la estancia llevando en brazos a Linda. Ni al día siguiente ni nunca volvió a comer..., ¿qué es comer?, ni a cruzar la puerta de su antiguo y opulento anfitrión. Explicaciones, recados, mensajes por el médico..., todo se estrelló contra la dignidad herida de la perrita de aguas.

A los dos años, Argimiro Rosa falleció de un cáncer en el estómago, y como en la enfermedad se habían consumido sus economías, por fin le enterraron a expensas de algunos amigos. Casallena, que fue de los que dieron más, recogió a Linda y la mantuvo hasta que murió de vejez.

El Imparcial, 25 de diciembre de 1893.

Rosquilla de monja...

Las quintas de don Florencio Abrojo y don Eladio Paterno tenían una tapia común, de suerte que cuanto se hacía y decía en alguno de los dos jardines había de oírse por fuerza en el otro. Mientras don Florencio, solterón y solitario impenitente, entregado a su única manía, regaba, podaba o acodaba arbustos raros, las niñas de Paterno, que eran siete, y casi todas lindas, alegres y bulliciosas, correteaban como loquillas. Sus argentinas carcajadas, sus chillidos de júbilo, sus pasajeras grescas por un fruto o una flor, iban, cruzando el muro, a perturbar la calma y el silencio en que se complacía el fatigado y desengañado Abrojo.

La índole de la molesta algazara fue modificándose según crecían en años las señoritas de Paterno. Primero, juegos propiamente infantiles, escondites entre los rosales y las magnolias, paseos en carreta y pedradas a los árboles: después, cháchoras interminables con amiguitas que venían de Marineda, partidas de crocket, mucho columpio, todo acompañado de meriendas de almíbar y pan: luego se agregó al elemento femenino el masculino, los señoritos animados y obsequiosos, y don Florencio pudo escuchar, con irritación creciente, las bromas intencionadas, los piropos rendidos, el tiroteo de frases agridulces entre ellas y ellos. A este período de escaramuzas siguió aquel en que, habiéndose echado novio dos o tres de las muchachas, las parejitas se sentaban en bancos de piedra, bajo los árboles que sombreaban la tapia misma, y sus voces llegaban como un arrullo a los dominios del señor de Abrojo.

El cual, precisamente, aspiraba a no ser molestado por ningún eco de las vanidades y ansias ociosas a que la humanidad se entrega. Misántropo, azotado por la vida como una barca por las olas, se había recogido a aquel huerto, buscando la paz y concretando sus deseos a intereses pequeñísimos, a aspiraciones que no causan goce ni dolor, a la floración de un jacinto, al crecimiento de una orquídea extraña. Sorda cólera le hervía dentro al entreoír las divinas tonterías del palique de los enamorados, y dos o tres veces estuvo a punto de lanzarles la regadera a la cabeza. Lo peor fue que circunstancias fortuitas le obligaron a entrar, mal de su grado, en relación con la familia Paterno, y que, a los pocos días de tratarse los vecinos, una de las niñas, María Consolación, se atrevió a deslizarse en el jardín de don Florencio y a pedirle clavelones para lucirlos en una corrida de toros. Solo siendo muy desatento se podía rehuir el compromiso; gruñendo interiormente, don Florencio dejó saquear los arrietes: María reunió un haz magnífico, embriagador, y después, con la sonrisa en los labios, lo curioseó todo en la finca, preguntando el nombre de cada planta desconocida y admirando las que conocía ya. Pensaba el señor de Abrojo ocultarle a la chiquilla los tesoros del invernáculo; no obstante, sin darse cuenta de por qué lo hacía, abrió de par en par la puerta vidriera, y paseó a María por entre las flores maravillosas, llegando al extremo de ofrecerle la más bonita, la admirable sterlicia regia. María salió afirmando que el vecino no era un señor tan ridículo como decían, y que con ella había estado sumamente amable. Alentadas por tal precedente, las demás hermanas quisieron pedir claveles a su vez. Encontraron cerrado el portal; nadie contestó a los aldabonazos, y hubieron de comprender que don Florencio resistía. Las señoritas no apretaron el cerco, y ninguna osó molestar más al solitario.

Los años corrieron; la familia de Paterno sufrió cambios y vicisitudes. El padre murió, tres hijas se casaron, marchándose con sus respectivos esposos, y María Consolación, la alborotadora niña de los claveles, sintió de pronto vocación religiosa, e ingresó en un monasterio compostelano. La madre de María, por no sostener la quinta, la dio en arriendo a un industrial de Marineda, que solo pasaba en el campo los domingos, y don Florencio, cada día más retraído y huraño, notó que el jardín próximo no le mandaba ya sino alto silencio y soñolienta modorra.

Cierto día, cuando menos se lo esperaba, recibió el señor de Abrojo una carta de angosto sobre, escrita con letra tímida y fina, letra femenil, y al abrirla, en la cabecera de la misiva se destacaron una cruz y las iniciales J. M. J. (Jesús, María y José). Era Consolación, hoy sor María del Consuelo, la que enviaba a don Florencio dos páginas difusas, ingenuas y melifluas, donde la monjita expresaba afectuosamente un sentimiento halagüeño y delicado; la gratitud por aquella distinción del regalo de los clavelones y el deseo de que quien había sido para ella tan deferente pasase unas Pascuas de Navidad felicísimas y un Año Nuevo muy dichoso, si lo permitía el Señor, a quien rogaba siempre por don Florencio. Sí, sor María rogaba por él; sor María solicitaba de Nuestra señora que apartase de él toda desgracia. Lo único que sor María lamentaba era que aquellos claveles, destinados a la profanidad, no hubiesen sido ofrecidos a la Virgen.

Venida de la soledad y del retiro, la carta conmovió un poco al solitario. Representóse a la graciosa criatura de revuelto pelo y encendidas mejillas, que un tiempo le pedía claveles —hoy pálida, macerada, bajo la austera toca, de hinojos en una iglesia desierta, apoyando la frente en la reja negra y fría—, y como la primera vez, repentino impulso desarrugó su corazón y le dictó un rasgo galante, un golpe de sus antiguos tiempos. Arrasó el invernáculo, encajonó entre musgo las flores más preciosas que aún quedaban, las camelias de nieve, los resedas de invierno, las precoces violetas, y dirigió el cajón al convento para sor María.

La respuesta fue otra cartita más suave, más tierna, más llena de amistosa unción y atrevimientos inocentes. Sor María no se cansaba de alabar las flores: ¡qué cosas tan bonitas hace Nuestro Señor, y cómo serán los jardines del cielo, cuando así adorna los de la tierra! ¡El altar estaba tan rico con los floreros cuajados, y la comunidad admiraba tanto aquellos primores!... Sor María, en su pobreza, no podía pagar el obsequio sino con un escapulario; pero lo había bordado ella misma, y rogaba a su amigo que lo llevase puesto siempre. Y el señor de Abrojo, con más viveza de lo que consentían sus años, sacó el doble rectángulo de seda, deshizo el pulcro nudo del cordón y pasó el escapulario al cuello. Más tarde se lo quitó; pero un gozo pueril le hizo releer la carta.

A los quince días, la monja volvió a escribir. Don Florencio también releyó la epístola, mas no por saborearla, sino por cerciorarse de lo que envolvían las cuatro carillas de letrita bien prieta. En las tres primeras solo halló candorosas efusiones: tratábase de la música, de Santa Cecilia, del piano a que sor María era aficionada cuando vivía en el siglo, y del armonio, que ahora estaba aprendiendo a tocar con el fin de servir de organista. Pero ¡qué fatalidad, luchar con un armonio de alquiler, de mala muerte, sin voces, sin sonoridad alguna! Si la comunidad no fuese tan pobre —aquí empezaba la cuarta plana—, se resolverían a adquirir un buen armonio, y a ella, a sor María, sin duda por inspiración de Dios, y sin que la prelada se enterase, ¡quía!, se le había ocurrido que su predilecto amigo don Florencio, de tan nobles sentimientos y generosa alma, no tendría quizá inconveniente en garantizar las dos mil pesetas del armonio, que se le irían abonando a plazos, según pudiese la pobrecilla comunidad. ¡Cuánto mayor gusto sentiría en estudiar en aquel instrumento, debiéndolo, como lo debería, a la limosnita afectuosa del señor de Abrojo!

Don Florencio soltó la carta, y sardónica mueca crispó sus labios, que ocultaba el lacio bigote gris. ¡Ah! ¡La eterna perfidia de la mujer, su silbo de culebra, que solo halaga para emponzoñar, su insinuante dulzura, peor que los más activos venenos! No era el desengaño presente, la tenue y espiritualísima ilusión perdida lo que inundaba como ola de hiel el alma del viejo, sino tantos recuerdos que salían del olvido y revoloteaban azotándole con sus polvorientas alas de murciélago, al evocar historias hondamente tristes, de ajenos egoísmos y de propios dolores. Siempre el trueque interesado, la caricia moral y material a cambio de algo útil; siempre la misma comedia, que hasta desde el claustro podía representarse con éxito. ¿Con éxito? Se vería. El solterón tomó papel y pluma y contestó a la monja, una carta larga, borrascosa, incoherente, que al repasarla, antes de confiarla al correo, le hizo soltar, a solas, estruendosa carcajada, mientras malignamente se restregaba las manos.

—Pero ¿no me decía usted que don Florencio es un señor ya anciano y formal, muy formal? —preguntó la abadesa a sor María, después de repasar la carta que ésta presentaba ruborosa y con los ojos bajos.

—Madre, sí que lo es; pero a mí me parece se ha vuelto loco, o que chochea antes de tiempo.

—¡Válgame Dios! Pues, hija, ¿sabe usted lo que yo creo? Que ni es loco ni chocho, sino un tacaño de mucha habilidad. Y este papelucho se quema ahora mismo —añadió, severamente la prelada, que, ejecutado el auto de fe, dijo a sor María, viéndola arrodillarse—: No se altere usted, hija, no se angustie... Claro que ya no vuelve usted nunca a escribir a ese... caballero, ni a acordarse de que existe.

Así puntualmente sucedió. El señor de Abrojo no supo más de la monjita, y siguió vegetando entre sus flores, que nada piden ni hacen soñar nada.

Nuevo Teatro Crítico, núm. 30, 1893.

Geórgicas

Fue por el tiempo de las majas, mientras la rubia espiga, tendida en las eras, cruje blandamente, amortiguando el golpe del mallo, cuando empezó la discordia entre los del tío Ambrosio Lebriña y los del tío Juan Raposo.

Sucedió que todo el julio había sido aquel año un condenado mes de agua, y que solo a primeros de agosto despejó el cielo y se metió calor, el calor seco y vivo que ayuda a la faena. «Hay que majar, que ya andan las canículas por el aire», decían los labriegos; y el tío Raposo pidió al tío Lebriña que le ayudase en la labor. Este ruego envolvía implícitamente el compromiso de que, a su vez, Raposo ayudaría a Lebriña, según se acostumbra entre aldeanos.

No obstante, llegado el momento de la maja de Lebriña, el socarrón de Raposo escurrió el bulto, pretextando enfermedades de sus hijos, ocupaciones; en plata, disculpas de mal pagador. Lebriña, indignado de la jugarreta, tuvo con Raposo unas palabras más altas que otras en el atrio de la iglesia, el domingo, a la salida de misa. Por la tarde, en la romería, Andrés, el mayor de Lebriña, después de beber unos tragos, se encontró con Chinto, el mayor de Raposo, y requiriendo la moca o porra claveteada, mirándose de solayo, como si fuesen a santiguarse...; pero no hubo más entonces.

Vivían las familias de Lebriña y Raposo pared por medio, en dos casas gemelas, que el señor había mandado edificar de nuevo para dos lugarcitos muy redondos. Al recogerse aquel domingo, mientras los hombres, gruñones y enfurruñados, mascullaban la ira, las mujeres, sacando a la puerta los tallos o asientos hechos de un tronco, se disponían a pasar las primeras horas de la noche al fresco. En vez de armar tertulia con las vecinas, cada bando afectó situarse lo más lejos que permitía la estrechez de los corrales. La tía Raposo y su hija Joliana, que tenían fama de mordaces y satíricas, tomaron sus panderetas e improvisaron una triada muy injuriosa; en sustancia, venía a decir que, en casa de Lebriña, los hombres eran hembras y las mujeres machos bigotudos. Es de advertir que los Lebriñas debían su apodo, convertido en apellido ya, a cierta mansedumbre tradicional en los varones de la familia, y también conviene saber que Aura Lebriña, moza soltera de unos veinticinco años de edad, lucía sobre sus gruesos y encendidos labios un pronunciado bozo oscuro. Aura no sabía improvisar como las Raposos; pero, ni tarda ni perezosa, recogió el guante, y en prosa vil les soltó una carretera de desvergüenzas gordas, mezcladas con maldiciones a los hombres, gallinas cluecas, que no tenían alma para cosa ninguna. Al oír la pauliña de Aura, el tío Ambrosio asomó la nariz, y empujando a su hija por los hombros, la hizo retirar, mientras los de Raposo la perseguían con pullas irónicas.

Pocos días después, yendo Chinto Raposo armado de gavilo, a cortar tojo en el monte, vio a Aura Lebriña que lindaba su vaca en una heredad de maíz. Aunque tostada del Sol, como la heroína de los cantares, y aunque de boca sombreada y recias formas, la moza no era despreciable, y al mozo se le ocurrió burlarla, más tentado por el fino gusto de pisotear a los Lebriñas que por los atractivos de la pastora. Y avínole mal, porque en el país galiciano, la mujer, hecha a trabajos tan rudos como el hombre, le iguala en fuerza física, y a veces le supera, y en el juego de la lucha no es raro el caso de que salgan vencedoras las mujeres. Sin más armas que sus puños, Aura sujetó a Chinto y le dio una paliza con el mango de la guadaña, mientras la vaca, pendiente el bocado de hierba entre los belfos, fijaba en el grupo sus ojazos pensativos. Molido y humillado, Chinto Raposo se vengó cobardemente; aprovechó un descuido de Aura, y metiéndole de pronto la mano en la boca y apartando con violencia los dedos pulgar e índice, rasgó las comisuras de los labios. La sorpresa y el dolor paralizaron un instante a la amazona, y Chinto pudo huir.

Todo el día lloriqueó la muchacha desesperadamente, porque el eterno femenino salta también de entre los terrones, y la infeliz temía quedar desfigurada. Las malditas comadres de las Raposos, desde su puerta, se mofaban de Aura sin compasión, apodándola Boca Rota, y Aura, en sorda voz, murmuraba que, si se había concluido ya la casta de los hombres, saldrían a plaza las mujeres, y se vería lo que eran capaces de hacer.

Andrés Lebriña, muy descolorido, oía a su hermana y callaba como un muerto. Estos silencios cerrados son de mal agüero en las personas pacíficas. Sin embargo, pasó una semana, las heridas de Aura empezaron a cicatrizarse, y los Raposos, más insolentes que nunca, se reían en público de toda la casta de Lebriña. El día de la feria, Chinto Raposo cargó un carro de repollos y bajó a la ciudad a venderlo. Regresaba, anochecido ya, algo chispón, con el carro vacío, y al sepultarse en uno de esos caminos hondos y angostos, limitados por los surcos de la llanta, recibió a traición un golpe en el duro cráneo y luego otro, que le derribó aturdido como un buey. En medio de su desvanecimiento sintió confusamente que algo muy pesado y duro le oprimía el pecho: eran unos zuecos de álamo, con tachuelas, bailando el pateado sobre su esternón.

Cuando suceden estas cosas en la aldea, en verdad os digo que rara vez pasa el asunto a los tribunales. El labriego, por una parcelilla de terreno, por un tronco de pino, por un puñado de castañas se apresurará en acudir a la justicia: la propiedad entiende el que ha de defenderse por las vías legales; pero la seguridad personal es cuenta de cada quisque: contra palos, palos, y a quien Dios se la dé, San Pedro se la bendiga. En la aldea, el que más y el que menos tiene sobre su alma una buena ración de leña administrada al prójimo y nadie quiere habérselas con escribanos procuradores y jueces, negras aves fatídicas, que traen la miseria entre su corvo pico.

Antes que Chinto Raposo pudiese levantarse de la cama, donde permanecía arrojando en abundancia bocanadas de sangre, sus dos hermanos menores, Román y Duardos, le había jurado la vendetta. Andrés Lebriña, por su parte, trataba de esconderse; pero el labriego ha de salir sin remedio a su trabajo, y la fatalidad quiso que le llamasen a jornal en la carretera en construcción, adonde también acudían los Raposos. Estos velaron a su enemigo, como el cazador a la perdiz, y aprovechándose de una disputa que se alzó entre los jornaleros, arrojaron a Andrés sobre un montón de piedra sin partir, y con otra piedra le machacaron la sien. Se formó causa, pero faltó prueba testifical: nadie sabe nada, nadie ha visto nada en tales casos. El señor abad de la parroquia de Tameige rezó unos responsos sobre el muerto y hubo una cruz más en el campo santo: negra, torcida, con letras blancas.

El golpe aplanó completamente a los Lebriñas. Ellos eran gente apocada, resignada, y solo a fuerza de indignación y ultrajes había salido de sus casillas Andrés. También los Raposos, astutos en medio de su barbarie, creyeron que, después de suprimir a un hombre, les convenía estarse callados y quietos, por lo cual cesaron completamente las provocaciones e invectivas de las mujeres desde la puerta.

Sin embargo, había alguien que no olvidaba al que se pudría bajo la cruz negra del cementerio: Aura, la hermana, la que se había llevado toda la virilidad de la familia. Vestida de luto, en pie en el umbral de su casucha, ronca a fuerza de llorar, lanzaba a la casa de los Raposos ardientes miradas de reto y maldición. Y sucedió que al verano siguiente, cuando la cosecha recogida ya prometía abundancia, una noche, sin saber por qué, prendióse fuego el pajar de Raposo y a la vez aparecieron ardiendo el cobertizo, el hórreo y la vivienda. Los Raposos, aunque dormían como marmotas, al descubrirse el fuego pudieron salvar, sufriendo graves quemaduras, solo a uno de los hijos. A Román, el que pasaba por autor material de la muerte de Andrés Lebriña, se le encontró carbonizado sin que nadie comprendiese cómo un mozo tan ágil no supo librarse del incendio.

Aquí tienen ustedes lo que aconteció en la feligresía de San Martín de Tameige por no querer los Raposos ayudar a los Lebriñas en la faena de la maja.

Nuevo Teatro Crítico, núm. 30, 1893.

El voto

Sebastián Becerro dejó su aldea a la edad de diecisiete años, y embarcó con rumbo a Buenos Aires, provisto, mediante varias oncejas ahorradas por su tío el cura, de un recio paraguas, un fuerte chaquetón, el pasaje, el pasaporte y el certificado falso de hallarse libre de quintas, que, con arreglo a tarifa, le facilitaron donde suelen facilitarse tales documentos.

Ya en la travesía, le salieron a Sebastián amigos y valedores. Llegado a la capital de la República Argentina, diríase que un misterioso talismán —acaso la higa de azabache que traía al cuello desde niño— se encargaba de removerle obstáculos. Admitido en poderosa casa de comercio, subió desde la plaza más ínfima a la más alta, siendo primero el hombre de confianza; luego, el socio; por último, el amo. El rápido encumbramiento se explicaría —aunque no se justificase— por las condiciones de hormiga de nuestro Becerro, hombre capaz de extraer un billete de Banco de un guardacantón. Tan vigorosa adquisividad —unida a una probidad de autómata y a una laboriosidad más propia de máquinas que de seres humanos —daría por sí sola la clave de la estupenda suerte de Becerro, si no supiésemos que toda planta muere si no encuentra atmósfera propicia. Las circunstancias ayudaron a Becerro, y él ayudó a las circunstancias.

Desde el primer día vivió sujeto a la monástica abstinencia del que concentra su energía en un fin esencial. Joven y robusto, ni volvió la cabeza para oír la melodía de las sirenas posadas en el escollo. Lenta y dura comprensión atrofió al parecer sus sentidos y sentimientos. No tuvo sueños ni ilusiones; en cambio, tenía una esperanza.

¿Quién no la adivina? Como todos los de su raza, Sebastián quería volver a su nativo terruño, fincar en él y deberle el descanso de sus huesos. A los veintidós años de emigración, de terco trabajo, de regularidad maniática, de vida de topo en la topinera, el que había salido de su aldea pobre, mozo, rubio como las barbas del maíz y fresco lo mismo que la planta del berro en el regato, volvía opulento, cuarentón, con la testa entrecana y el rostro marchito.

Fue la travesía —como al emigrar— plácida y hermosa, y al murmullo de las olas del Atlántico, Sebastián, libre por vez primera de la diaria esclavitud del trabajo, sintió que se despertaban en él extraños anhelos, aspiraciones nuevas, vivas, en que reclamaba su parte alícuota la imaginación. Y a la vez, viéndose rico, no viejo, dueño de sí, caminando hacia la tierra, dio en una cavilación rara, que le fatigaba mucho; y fue que se empeñó en que la Providencia, el poder sobrenatural que rige el mundo, y que hasta entonces tanto había protegido a Sebastián Becerro, estaba cansado de protegerle, y le iba a zorregar disciplinazo firme, con las de alambre: que el barco embarrancaría a la vista del puerto, o que él, Sebastián, se ahogaría al pie del muelle, o que cogería un tabardillo pintado, o una pulmonía doble.

De estas aprensiones suele padecer quien se acerca a la dicha esperada largo tiempo. Y con superstición análoga a la que obligó al tirano de Samos a echar al mar la rica esmeralda de su anillo, Sebastián, deseoso de ofrecer expiatorio holocausto, ideó ser la víctima, y reprimiendo antojos que le asaltaran al fresco aletear de la brisa marina y al murmullo musical del oleaje, si había de prometer al Destino construir una capilla, un asilo, un manicomio, hizo otro voto más original, de superior abnegación: casarse sin remedio con la soltera más fea de su lugar. Solemnizado interiormente el voto, Sebastián recobró la paz del alma, y acabó su viaje sin tropiezo.

Cuando llegó a la aldea, poníase el Sol entre celajes de oro; la campiña estaba muda, solitaria e impregnada de suavísima tristeza, todo lo cual es parte a sacar chispas de poesía de la corteza de un alcornoque, y no sé si pudo sacar alguna del alma de Sebastián. Lo cierto es que en el recodo del verde sendero encontró una fuente donde mil veces había bebido siendo rapaz, y junto a la fuente, una moza como unas flores, alta, blanca, rubia, risueña; que el caminante le pidió agua, y la moza, aplicando el jarro al caño de la fuente y sosteniéndolo después, con bíblica gracia, sobre el brazo desnudo y redondo, lo inclinó hasta la boca de Sebastián, encendiéndole el pecho con un sorbo de agua fría, una sonrisa deliciosa y una frase pronunciada con humildad y cariño: «Beba, señor, y que le sirva de salú.»

Siguió su camino el indiano, y a pocos pasos se le escapó un suspiro, tal vez el primero que no le arrancaba el cansancio físico; pero al llegar al pueblo recordó la promesa, y se propuso buscar sin dilación a su feróstica prometida y casarse con ella, así fuese el coco.

Y, en efecto, al día siguiente, domingo, fue a misa mayor y pasó revista de jetas, que las había muy negruzcas y muy dificultosas, tardando poco en divisar, bajo la orla abigarrada de un pañuelo amarillo, la carátula japonesa más horrible, los ojos más bizcos, la nariz más roma, la boca más bestial, la tez más curtida y la pelambrera más cerril que vieron los siglos; todo acompañado de unas manos y pies como paletas de lavar y una gentil corcova.

Sebastián no dudó ni un instante que la monstruosa aldeana fuese soltera, solterísima, y no digo solterona, porque la suma fealdad, como la suma belleza, no permite el cálculo de edades. Cuando le dijeron que el espantojo estaba a merecer, no se sorprendió poco ni mucho, y vio en el caso lo contrario que Polícrates en el hallazgo de su esmeralda al abrir el vientre de un pez; vio el perdón del Destino, pero... con sanción penal: con la fea de veras, la fea expiatoria. «Esta fea —pensó— se ha fabricado para mí expresamente, y si no cargo con ella, habré de arruinarme o morir.»

Lo malo es que a la salida de misa había visto también el indiano a la niña de la fuente, y no hay que decir si con su ropa dominguera y su cara de pascua, y por la fuerza del contraste, le pareció bonita, dulce, encantadora, máxime cuando, bajando los ojos y con mimoso dengue, la moza le preguntó «si hoy no quería agüiña bien fresca». ¡Vaya si la quería! Pero el hado, o los hados —que así se invocan en singular como en plural— le obligaban a beber veneno, y Sebastián, hecho un héroe, entre el asombro de la aldea y las bascas del propio espanto, se informó de la feona, pidió a la feona, encargó las galas para la feona y avisó al cura y preparó la ceremonia de los feos desposorios.

Acaeció que la víspera del día señalado, estando Sebastián a la puerta de su casa, que proyectaba transformar en suntuoso palacete, vio a la niña de la fuente, que pasaba descalza y con la herrada en la cabeza. La llamó, sin que él mismo supiese para qué, y como la moza entrase al corral, de repente el indiano, al contemplarla tan linda e indefensa —pues la mujer que lleva una herrada no puede oponerse a demasías—, le tomó una mano y la besó, como haría algún galán del teatro antiguo. Rióse la niña, turbóse el indiano, ayudóla a posar la herrada, hubo palique, preguntas, exclamaciones, vino la noche y salió la Luna, sin que se interrumpiese el coloquio, y a Sebastián le pareció que, en su espíritu, no era la Luna, sino el Sol de mediodía, lo que irradiaba en oleadas de luz ardorosa y fulgente...

—Señor cura —dijo pocas horas después al párroco—, yo no puedo casarme con aquélla, porque esta noche soñé que era un dragón y que me comía. Puede creerme que lo soñé.

—No me admiro de eso —respondió el párroco, reposadamente—. Ella dragón no será, pero se le asemeja mucho.

—El caso es que tengo hecho voto. ¿A usted qué le parece? Si le regalo la mitad de mi caudal a esa fiera, ¿quedaré libre?

—Aunque no le regale usted sino la cuarta parte o la quinta... ¡Con dos reales que le dé para sal!...

Sin duda, el cura no era tan supersticioso como Becerro, pues el indiano, a pesar de la interpretación latísima del párroco, antes de casarse con la bonita, hizo donación de la mitad de sus bienes a la fea, que salió ganando: no tardó en encontrar marido muy apuesto y joven. Lo cual parece menos inverosímil que el desprendimiento de Sebastián. Verdad que este era fruto del miedo...

El Imparcial, 15 de agosto de 1892.

Los huevos arrefalfados

¡Qué compasión de señora Martina, la del tío Pedro el carretero! Si alguien se permitiese el desmán de alzar la ropa que cubría sus honestas carnes, vería en ellas un conclave, un sacro colegio, con cardenales de todos los matices, desde el rojo iracundo de la cresta del pavo, hasta el morado oscuro de la madura berenjena. A ser el pellejo de las mujeres como la badana y la cabritilla, que cuanto mejor tundidas y zurradas más suaves y flexibles, no habría duquesa que pudiese apostárselas con la señora Martina en finura de cutis. Por desgracia, no está bien demostrado que la receta de la zurra aprovecha a la piel ni siquiera al carácter femenil, y la esposa del carretero, en vez de ablandarse a fuerza de palizas, iba volviéndose más áspera, hasta darse al diablo renegando de la injusticia de la suerte. ¿Ella qué delito había cometido para recibir lección de solfeo diaria? ¿Qué motivo de queja podía alegar aquel bruto para administrar cada veinticuatro horas ración de leña a su mitad?

Martina criaba los chiquillos, los atendía, los zagaleaba; Martina daba de comer al ganado; Martina remendaba y zurcía la ropa; Martina hacía el caldo, lavaba en el río, cortaba el tojo, hilaba el cerro, era una esclava, una negra de Angola..., y con todo eso, ni un solo día del año le faltaba en aquella casa a San Benito de Palermo su vela encendida. En balde se devanaba los sesos la sin ventura para arbitrar modo de que no la santiguase a lampreazos su consorte. Procuraba no incurrir en el menor descuido; era activa, solícita, afectuosa, incansable, la mujer más cabal de toda la aldea. No obstante, Pedro había de encontrar siempre arbitrio para el vapuleo.

Solía Martina desahogar las cuitas y penas domésticas con su compadre el tabernero Roque, hombre viudo, de tan benigno carácter como agrio y desapacible era el de Pedro. Oía Roque con interés y piedad la relación de la desdichada esposa, y se desvivía en prodigarle sanos consejos y palabras de simpatía y compasión.

«Aquel Pedro no tenía perdón de Dios en tratar así a la comadre Martina, que después de haber echado al mundo cinco rapagones, era la mejor moza de toda la aldea y hasta, si a mano viene, de Lugo. Y luego, tan trabajadora, limpia como el oro, mansita como el agua. ¡Ah, si él hubiera tenido la fortuna de encontrar mujer así, y no su difunta, que gastaba un geniazo como un perro!» Martina entonces rogaba al compadre que intentase convertir a su marido, que le hablase al corazón, y el tabernero prometía hacerlo con mucha eficacia y alegando mil razones persuasivas.

—Pero, compadre, escuche y perdone —interrogaba la pobre apaleada—. ¿Qué quejas da de mí mi marido?

—Como quejas, nada; fantasías, antojos, rarezas... Que el caldo estaba salado, y a él le gusta con poca sal... Que el pan estaba medio crudo... Que le faltaba un botón al chaleque...

—Yo me enmendaré, compadre... A fe que de hoy en adelante no ha de notar falta ninguna.

Y, en efecto, redoblando el cuidado y el cariño, Martina se descuajaba por quitar pretexto a las atrocidades de su hombre.

La casa marchaba como trompo en uña: la comida era gustosa, dentro de su pobreza; los suelos estaban barridos como el oro, y ni con poleas y cabrias se podían arrancar los botones del chaleque del tío Pedro. Así y todo, éste encontraba ingeniosos recursos en que fundan la consuetudinaria solfa. Por poco que duerma la buena voluntad, anda más despierta la mala, que nunca pega ojo.

Sin embargo, como también las costillas doloridas y brumadas infunden sutileza, Martina, a fuerza de paciente estudio, de hábil observación, de minuciosa solicitud y de eficaz memoria, llegó a amoldarse a los menores caprichos, a las más ridículas exigencias de su cónyuge, bailándole el agua de tal manera, que el tío Pedro no acertaba ya a buscar pretexto para enfadarse. Mas no era hombre de reparar en tan poco, y he aquí lo que discurrió para no dar reposo a la estaca.

Consistía, generalmente, la cena de los esposos en una taza de caldo guardado de mediodía y unos huevos fresquitos, postura de las gallinas del corral. Deseosa de complacer al amo y señor, Martina se esmeraba en variar el aderezo en estos huevos, presentándolos unas veces fritos, escalfados otras, ya pasados, ya en tortilla. Pero el tío Pedro empezó a cansarse de tales guisos y a pedir, con sus buenos modos de costumbre, que se los variasen; y una noche que gruñó y renegó más de la cuenta, su mujer se atrevió a decirle, con gran dulzura:

—Hombre, ¿qué guiso te apetece para los huevos?

La respuesta fue una terrible guantada, mientras una voz cavernosa decía:

—¡Los quiero arrefalfados! ¡Arrefalfados!

Con el dolor y el susto, Martina no se atrevió a preguntar qué clase de aderezo era aquel; pero a la noche siguiente preparó los huevos por un estilo que le había enseñado una vecina, ex cocinera de un rico hacendado lugués.

El plato trascendía a gloria cuando entró el carretero muy mal engestado y se sentó sin contestar a su mujer, que le daba las buenas noches. Con mano trémula depositó Martina sobre el artesón que servía de mesa el apetitoso guiso... Y su marido, ¡siniestro presagio!, callado, fosco, sin soltar la aguijada con que picaba a los bueyes de su carreta. Al divisar el guiso, una risa diabólica contrajo su rostro; apretó la vara, y levantándose terrible, exclamó:

—¡Condenación del infierno! ¿No te tengo dicho que los quiero arrefalfados?

A estas frases acompañó un recio varazo en las espaldas de Martina, seguido de otro que se quedó un poco más cerca del suelo; y tal fue la impresión, que la infeliz hubo de exclamar, con voz de agonía:

—¡Váleme, San Pedro! ¡Váleme, San Pablo!

Algún efecto produjo en el carretero la invocación, porque conviene saber que en la parroquia se profesaba devoción ferviente a las imágenes de estos grandes Apóstoles, dos efigies muy antiguas que adornaban la iglesia desde tiempo inmemorial. Pero poco duró el respeto religioso, pues el marido, volviendo a enarbolar la vara, alcanzó a su mujer de un varazo en la cintura, tan recio y cruel, que Martina hubo de echar a correr, exclamando:

—¡Ay, ay, ay, ay! Socorro, vecinos... Que me mata este hombre.

Disparada como un venablo atravesó la aldea, hasta refugiarse en la taberna del compadre Roque, a quien encontró disponiéndose a trancar la puerta, porque a semejante hora de la noche no contaba ya con parroquianos. Causóle gran sorpresa la llegada repentina de la comadre, y viéndola tan sobresaltada y fatigosa, se apresuró a brindarle «una pinga, que no hay otra cosa como ella para espantar los disgustos». Bebió Martina, y ya más confortada, refirió, entre hipo y sollozos, la tragedia conyugal.

—Mire, ahora sí que estoy convencida de que aquel infame no tiene temor de Dios, ni caridad, ni vergüenza en la cara, y tira a acabar conmigo, a echarme a la sepultura... Que me reprendiese y me pegase tundas cuando notaba faltas, andando... Pero amañárselo todo a voluntad, matarme a hacerle bien la comida y los menesteres, y ahora inventar eso de los huevos arrefalfados, que un rayo me parta si sé lo que son Compadre, por el alma de quien tiene en el otro mundo, me diga cómo se ponen esos huevos.

—Nunca tal guiso oí mentar, comadre —respondió el tabernero, ofreciendo a la desconsolada otra pinga—. Es una bribonada de ese mal hombre, porque no encuentra chatas que poner y quiere arrearle. A fe de Roque que ha de llevar su merecido. Comadre, déjeme a mí. Usted calle y haga lo que yo le diga. Y ahora no piense en volver allá hasta mañana por la mañana...

—¡Asús bendito!

—Lo dicho, no vuelva... Quédese aquí, que mal no le ha de pasar ninguno —profirió el tabernero, mirándola con encandilados ojos—. Cena para los dos la hay, y más un vino de gloria, y castañas nuevas. Que no lo sepa en la parroquia ni el aire... En amaneciendo se va a su casita. Guíese por mí; descanse en el compadre Roque. Que me muera, si dentro de dos o tres días no ha de estar aquel brutón más amoroso que la manteca. Ya me dará las gracias.

—¿Y si pregunta?

—Ya cavilaremos lo que se ha de contestar... Usted sosiegue, que yo tomo el negocio de mi cuenta.

Tan cansada, dolorida, asustada y hambrienta estaba Martina, que se dejó convencer, y saboreó el mosto y las tempranas castañas. Antes de ser de día, envuelta en el mantelo, llamaba con temor a la puerta de su casuca. El corazón le pegaba brincos, y creía sentir ya en los hombros el calor de la vara, o en los carrillos los cinco mandamientos del indignado esposo. ¡Cosa rara, y explicable, sin embargo, por ciertas corrientes psicológicas a que obedecen las oscilaciones del barómetro conyugal! El tío Pedro la recibió con una cordialidad gruñona, que en él podría llamarse amabilidad y galantería.

—Mujer o trasno, ¿de dónde vienes? Como vuelvas a marcharte así, ya verás... ¿Onde dormiste?

—En el monte.

—¿En el monte, condenada?

—Por cierto, junto al puente, donde está la tejera de Manuel.

—El diaño que te coma, y allí, ¿qué cama tenías?

—Las espinas de los tojos, mal hombre; pero Dios consuela a los infelices y castiga a los sayones judíos como tú; ya te llegará la tuya, verdugo.

—Demasiado hablas —refunfuñó el carretero, queriendo desplegar gran aparato de enojo, pero subyugado indudablemente por el tono y el acento de su mujer—. ¿Quién te ha dado ese gallo que traes?

—Quien puede.

—Como yo sepa que andas en chismes con las vecinas y aconsejándote de brujas..., te he de brear.

—No fue bruja ninguna, ladrón; no fue sino Dios del cielo, que ya se cansa de aguantar tus perradas...

—Mismamente Dios te vino a ti con el recadito.

—Dios, no; pero San Pedro y San Pablo, sí; que los vi tan claros como te estoy viendo, y con la mar de angelitos alrededor, y unas caras muy respetuosas, y unas barbas que metían devoción; y me dijeron que ya te ajustarán ellos las cuentas por estarme crucificando.

—A callar y a tu obligación, lenguatera.

Atónita Martina de ver que su tirano no pasaba a vías de hecho, obedeció y se ocupó en labores domésticas, mientras el carretero, algo cabizbajo y mohíno, preparaba su carro para acarrear leña a Lugo.

El mismo camino tomó el tabernero Roque, y apenas llegado a la ciudad, se dio a buscar a un su amigote, barbero por más señas, con quien celebró misterioso conciliábulo; y entre tajada de bacalao y copa de aguardiente, trazaron la broma que habían de ejecutar aquella misma noche. Para el objeto se procuraron una sábana blanca, una manta colorada, dos barbas postizas, dos pelucones de cerro y una linterna. La hora del anochecer sería cuando el tabernero y barbero se apostaron cerca del puente por donde el carretero tenía que pasar a la vuelta con el carro vacío. Ya se habían disfrazado los dos cómplices, riendo a carcajadas y auxiliados por Martina, que ajustó al uno las barbas blancas y el manto rojo de San Pablo, y al otro, la sábana y el pelucón del primer pontífice. Y cuando ambos apóstoles, empuñando sendos garrotes, o, mejor dicho, claveteadas mocas, se ocultaron a corta distancia del puente, Martina tuvo un escrúpulo, y les dijo, con suplicante voz:

—No me manquéis a mi hombre, que al fin él es quien gana el pan de los rapaces. Escarmentailo un poco, para que sepa cómo duele.

Al paso tardo de los bueyes, que mugían de nostalgia conforme se acercaban al establo, adelantaba el tío Pedro por el caminito estrecho y escabroso que limitaba de una parte el monte y el río Miño de otra. Apuraba al ganado, porque, sin explicarse la razón, aquel día deseaba verse en su hogar despachando su cena, y la noche se había entrado muy pronto, como que corría entonces el solsticio de invierno. El carretero aguijaba a la yunta con la misma vara que le había servido para medir el costillaje de su esposa el día anterior. La Luna, asomando por entre negros nubarrones, alumbraba medrosamente el paisaje, el agua triste del río, el monte próximo, los árboles decalvados por la estación invernal. Un estremecimiento de pavor heló el espíritu del carretero al acercarse al puente y ver blanquear las tapias de la tejera en la falda de la colina. De repente, el carro se detuvo, y al resplandor lunar, dos figuras tremendas, saliendo de la sombra que proyectaba el arco del puente, se plantaron en mitad del camino. Eran los mismos apóstoles del retablo de la iglesia: San Pablo, con sus barbazas hasta la cintura y su manto colorado; San Pedro, rechoncho y calvo, con su cerquillo de rizo y su blanca túnica sacerdotal. Solo que, en vez de espada y las llaves, los apóstoles enarbolaban cada tranca que ponía miedo, y a compás las dejaban caer sobre los lomos del cruel esposo, gritando para animarse más al castigo:

—¡Pega tú, San Pedro!
—¡Pega tú, San Pablo!
—¡Estos son los huevos...!
—¡Arrefalfadooos!

• • •

El carretero se arrastró hasta su casa gimiendo, sin cuidarse de carro ni de bueyes. Llevaba las costillas medio hundidas, la cabeza partida por dos sitios, la cara monstruosa. Quince días pasó en la cama sin poderse menear. Hoy anda como si tal cosa, porque los labriegos tienen piel de sapo; y lo único en que se le conoce que no pierde la memoria de la zurra es en que, cuando Martina le presenta cariñosamente el par de huevos de la cena, preguntándole si «están a gusto», él contesta, aprisa y muy meloso:

—Bien están, mujeriña; de cualquier modo están bien.

El Imparcial, 31 de marzo de 1890.

El baile del Querubín

Mi infancia ha sido de las más divertidas y alegres. Vivían mis padres en Compostela, y residían en el caserón de nuestros mayores, edificio vetusto y ya destartalado, aunque no ruinoso, amueblado con trastos antiguos y solemnes, cortinas de damasco carmesí, sillones de dorada talla, biombos de chinos y ahumados lienzos de santos mártires o retratos de ascendientes con bordadas chupas y amarillentos pelucones. Próxima a nuestra morada —si bien con fachada y portal a otra calle— hallábase la de la hermana de papá, a la cual también favoreciera el Cielo otorgándole descendencia numerosa —nueve éramos nosotros, cinco hermanos y cuatro hermanas—. Con docena y media de compañeritos y socios, ¿qué chiquillo conoce el aburrimiento?

No inventa el mismo enemigo del género humano las diabluras que sabíamos idear, cuando nos juntábamos los domingos y días de asueto en alguna de las dos casas. No dejábamos títere con cabeza; y comoquiera que entonces no se estilaba aún lo de sacar a los chicos al campo, para que esparzan el hervor de la sangre rusticándose y fortaleciéndose, nosotros, con la vivienda por cárcel, nos desquitábamos recorriéndola en todos sentidos, de alto a bajo y de parte a parte, a carreras desatinadas y con gritos dementes; rodando las escaleras, disparándonos por los pasamanos, empujándonos por los pasillos, columpiándonos en el alféizar de las ventanas y hasta saliendo por las claraboyas de las buhardillas a disputar a los zapirones de la vecindad el área habitual de sus correteos.

Ajustándose al curso de los años, fue variando la índole de las travesuras y el carácter de nuestra birlesca. Recorrimos todas las etapas del retozo pueril. Apenas destetados, las escobas haciendo de corceles, las sillas atrailladas representando el tiro de la diligencia, los cazos y sartenes elevados a la categoría de instrumentos músicos, los muñecos despanzurrados, las pelotas pinchadas con alfileres y vacías de aire, las panderetas sin sonajas, las aleluyas hechas picadillo —despojos de la inquietud bullidora y ciega destructiva de la criatura entre tres y siete—. Luego, otros juegos ya más razonados, que revelan mayor refinamiento y conciencia; los que delatan, en el hombrecito, la tendencia a determinar profesión, y en la mujercita la vocación amorosa, el instinto maternal y el hábito, adquirido hereditariamente, del gobierno de casa. En este período, los chiquillos se apartan desdeñosamente de las chiquillas, organizan revistas y desfiles, se uniforman con quepis y apuntados de papel, ármanse con espadas de palo y fusiles de caña, desentierran los herrumbrosos sables de miliciano y los fanfarrones pistoletes de chispa, mientras alguno de la cohorte —un futuro obispo quizá— revístese la casulla hecha del floreado sayo de la abuela, y declarándose capellán del ejército, erige en un rincón su altarcillo, iluminado por mil candelicas, puestas en afiligranados candeleros de plomo, y nos emboca la gran misa de campaña. Las niñas, entre tanto, cortan refajos y gorros para una muñeca declarada en período de lactancia, y que tiene cinco o seis amas secas por lo menos: una le embadurna los carrillos de sopa, otra le compone un biberón del almidón y agua de fregar, ésta le limpia el trasero con un retal de hule, y aquella, todavía más aseada, la sepulta en un baño completo, de donde sale la mísera muñeca hecha papilla. También hay chicuelas más frívolas, menos apegadas a los santos deberes del hogar doméstico, que, en vez de cuidar de prole, se dedican a hacerse visitas o a salir de paseo, desde la sala a la antesala, muy peripuestas, luciendo ricas mantillas de guiñapos y abanicándose con la pantalla o el soplador. ¡Curioso panorama infantil de la existencia futura, teatro de inocentes marionetas, en quienes la mimesis o parodia se adelanta al conocimiento reflexivo y a la comprobación de la vanidad universal!

A todas éstas, el tiempo no paraba su rodezno volador, y llegábase para muchos de nosotros la edad empalagosa comprendida entre el segundo y el tercer lustro, transición que introducía alteraciones nuevas en nuestros pasatiempos y barrabasadas. Claro está que no todos habíamos dejado de ser chiquillos a la vez; pero por el ascendiente que ejercen los mayores sobre los pequeños, las aficiones del decanato predominaban en la taifa de rapaces. Bien se colige que ningún zangolotino anda ya recortando casullas de papel de plata, ni arranca al gallo los tornasoles del rabo para empenachar el sombrero, ni calza al gato con nueces, ni sustrae el azúcar y las pasas, con otras demoniuras del mismo jaez; en desquite, durante esa edad, llamada no impropiamente del pavo, éntrales a los chicos un furor de independencia, un delirio por fumar a escondidas y un prurito de conducirse en todo como los hombres hechos y derechos, que los lleva, ya a extremos de incivilidad, ya a derroches de galantería con las muchachas. Ellas, a su vez, hácense las dengosas y las misteriosas, unas veces riendo alto, fuerte y sin motivo alguno, otras provocando a los varones con bromas incisivas, ya confabulándose y secreteando, ya fingiendo una dignidad precoz, dominando a los chiquillos con su temprana intuición del trato y la perfidia social...

Entre nosotros, ni fueron muy prontas ni muy empeñadas estas escaramuzas de sexo a sexo. Por lo mismo que nos habíamos criado juntos desde la cuna, que los primos y primas jugaban con nosotros diariamente, no nos producíamos ese efecto, esa perturbadora impresión, mitad moral y mitad física, que causa en las imaginaciones frescas lo desconocido. No distinguíamos a las primitas de las hermanas, y con unas y otras retozábamos casta y brutalmente, a empellones, a palmadas, a carreras, sin asomo de incitativo melindre y sin rastro de cortesía o deferencia hacia el bello sexo. La fraternidad que preconiza el conde Tolstoi para las relaciones entre las dos medias naranjas de la Humanidad, realizábase plenamente en nuestros dominios.

No obstante, lo repito, la forma de nuestras distracciones ya no era la misma. Nos parecía ignominioso —particularmente a los que rayábamos en los dieciséis y calentábamos los bancos de Universidad— que todo se volviese escondite y corro, y no tener nuestras tertulias, nuestra pizca de baile, al que podíamos convidar, dándonos tono, a algún amigote privilegiado. Los días festivos, los onomásticos, los cumpleaños, servían de pretexto a la reunión: charlábamos, proponíamos acertijos, apurábamos una letra, jugábamos a prendas, echábamos los estrechos —aunque no fuesen primeros de año— y, sobre todo, nos entregábamos a bailar.

¡Bailar! En los años mozos, esta palabra tiene un sonido, un eco, un retintín especialísimo. Hay en ella prestigio singular, recóndito aleteo de esa esperanza compañera de la juventud, cuando presentimos la vida a modo de interesante novela y esperamos a la ventura como a algo positivo, que infaliblemente ha de realizarse cuando menos nos percatemos. Aparte del goce que encierra como ejercicio muscular, el chico adivina en el baile otra cosa: la representación simbólica del futuro drama amoroso, inseparable de la juventud.

Así es que bailábamos, si con total inocencia, con poderosa ilusión. Ya no envidiábamos a los estudiantes que, libres del yugo paterno, concurrían a los saraos zapateriles de los Liceos; ni a los señoritos de levita y bomba, que en el Casino obsequiaban a las damiselas con azucarillos y bandejas de yemas acarameladas. También nosotros éramos gente, y nuestra recepción se la pasábamos por el hocico a cualquiera. ¡Allí sí que nos divertíamos!

¿Qué se bailaba? Todos los bailes que Dios crió. En la inmensa sala, económicamente alumbrada, porque aún no se había generalizado el petróleo, a los sones de un piano que era en puridad una matraca, aporreado por las primillas o las hermanas menores, agotábamos el menguado repertorio de la coreografía moderna —valses, mazurcas, rigodones y galopes—, pasando después a los bailes anticuados —lanceros, virginia, minué— y a los regionales —jota, bolero, zapateado, ribeirana, contrapás—. Saltábamos como empujados por resortes internos; el sudor nos arroyaba de la frente a las mejillas; las carcajadas se mezclaban a los desacordes del piano; retemblaba el suelo; alzábase polvareda de la alfombra; y los colgantes de arañas y candelabros acompañaban nuestro brincoteo con suave y cristalino tlin, tlin.

Alguna que otra vez, desde el próximo gabinete, asomaban la cabeza las personas mayores, curioseando. Los entretenía hasta lo sumo la zambra nuestra, y el semblante un tanto severo de mi padre y la faz de mi madre, marchita por la ruda faena materna, se iluminaban de placer viéndonos contentos. Acaso nos encargaban cuidado con algún mueble de especial estimación.

—A ver si vais a romperme el fanal del florero de concha, niños.

—Ese juego de café, de porcelana, retiradlo, que si tropezáis con la consola...

—No salgáis ahora al frío; sudáis como pollos.

—Ya tenéis en el comedor el queso y el dulce de membrillo...

Nunca oíamos advertencias más duras.

Acontenció que la tarde del día de Inocentes del año... —no, la fecha la suprimo, que ya las arañas del otoño de la vida me hilaron muchos hilos de plata en el cabello—; la tarde, digo, de un día de Inocentes, bajaba yo dos a dos las escaleras de la Quintana, y por punto no me estrello contra un clérigo que las subía una a una, pausadamente, y que me llamó aturdido y mala cabeza. Nos detuvimos en el mismo escalón donde nos encontramos, y el vicario de las monjas Bernardas —pues no era otro sino él— empezó a darme el gran solo, crucificándome a preguntas. Parecíame el sitio inoportuno para la conferencia; y si a los fatigados pulmones del respetable clérigo les convenía un descansito en mitad de la escalinata, mis pocos años y mucha viveza estaban pidiendo

153

que me pusiese en cobro. No me entretenía la conversación, ni me indemnizaba el contemplar la bella fachada gótica de la catedral, que surgía coronando la escalinata, ni allá abajo, en la plaza, la fuente monumental, en cuyo pilón los caballos marinos remojaban sus palmeados pies. Además, mi interlocutor me inspiraba cierta tirria, un violento capricho de jugarle alguna trastada. Si me dejase llevar de mis impulsos— ¡qué despiadada es la niñez!–, le empujaría para verle aplastado como una rana contra el suelo.

El padre vicario de las monjas Bernardas, fraile exclaustrado y excelente sujeto, según comprendí años adelante, cuando la experiencia me hubo enseñado tolerancia, tenía el defecto de meterse hasta en los charcos y de estar siempre arreglando las conciencias y las vidas ajenas, a poco resquicio que encontrase. ¡Ay de la casa donde tenían la debilidad de obsequiarle con una tacita de chocolate y un platillo de almíbar! ¡Ay de quien, respetando su estado y edad, oía con sumisión real o aparente alguna de sus homilías caseras! Que contase, el mejor día, con encontrar al padre vicario en la sopera, tasando las cucharadas de sopa que debe consumir una familia cristiana, o fijando el precio de la vara de seda que una señora, cristiana también, puede vestir sin menoscabo de su cristiandad. La fiscalización del padre descendía a tales pormenores, que yo, yo en persona, había oído este diálogo entre mi madre y la cocinera:

—Pepa, ¿se puede saber por qué no trajiste la lamprea, como te tenía mandado? ¿Es que no hay lampreas en la plaza?

—Hay lampreas, hay, sí, señora, y tenía ajustada una de gorda como mi brazo, con perdón.

—¿Y entonces...?

—Y entonces pasaba el padre vicario, y me riñó mucho, y me mandó comprar fanecas, porque dice que solo entre los moros se come lamprea a la colación, y que en esta casa los señores tienen conciencia, y aquel, y temor de Dios, y no se les debe traer lamprea en semejante día. ¡Me regateó las fanecas él mismo..., que las sacó bien baratas!

Excuso añadir que para los muchachos ver al padre vicario era ver al demonio. Sus consejos acerca de la severidad en la educación, la supresión de todo recreo, el sistema celular y claustral, nos parecían nacidos de un corazón maligno y cruel; y sus entremetimientos nos indignaban hasta el punto de que bastase que el padre vicario dijese haches, para salir nosotros chillando erres. Declarado esto, nadie mostrará extrañeza ni me tachará de mentiroso, por el modo con que respondí a las preguntas del exclaustrado, cuando me paró en la escalinata.

—Con que bailecitos, ¿eh? Ha llegado a mis oídos..., porque todo se sabe. ¿Y mamá lo permite? ¿Y papá no pone dificultad? ¿Y cómo se baila, hombres con hombres y mujeres con mujeres, o promiscuando? Y en la sala, ¿estáis solitos? ¿Ninguna persona formal autorizando y presenciando... el jolgorio? ¿Campáis por vuestros respetos? ¡Así, república, república! Pero, y mamá, ¿no dice ni esto? ¿Y qué bailáis? ¿Bailaréis de esas danzas tan bonitas, ¡tan asquerosas!, en que se pegan las chicas a los chicos como la oblea al papel? ¡Ah! ¡Con que efectivamente! ¡Ya lo había olfateado, ya! ¡Tengo la nariz muy larga! ¿Y por dónde os cogéis? ¿Por la cintura? ¿También las manos? ¿Las piernas... así? ¡Jesús, Jesús y Señor! Imposible parece que tu mamá, una persona hasta hoy prudente, religiosa, cuerda, esté tan ciega y tan... Y la verdad; vamos, háblame aquí como si nos encontrásemos, tú en el santo tribunal de la Penitencia, y yo con los dedos levantados para absolverte. ¡No me ocultes nada, hijo mío, nada! Un buen movimiento... ¡Salga de aquí la verdad! ¡La verdad, que es hija de Dios!... Vamos, nadie nos escucha; puedes espontanearte y descargar la conciencia de un peso. En esa sala medio oscura..., en esa soledad en que os dejan..., con esos bailes infernales y lúbricos..., ¡discurridos por el que siempre está en acecho y no se duerme nunca!..., no ha habido..., quiero decirlo con toda la limpieza posible..., no ha habido algún..., vamos, algún roce..., en fin, algún contacto..., deshonesto..., indiscreto..., alguna aproximación excesiva..., imprudente..., entre personas de distinto sexo..., algún..., alguna... posición... que...

—Sí, señor, que hubo —exclamé fuera de mí, dando salida a mi impaciencia y amontonando disparates por el gusto de amontonarlos—. ¡Vaya si hubo! ¡Pues qué! ¿Somos de cartón nosotros? Ya hemos pasado de chiquillos. Nos aprovechamos cuanto podemos, y nos damos cada panzada de sobadura que tiembla el misterio, padre vicario. Los besos se oyen desde la calle. ¿Qué se había figurado usted? ¡Aquello arde que es una gloria!

—¡Jesús, Jesús, María Santísima, Dios y Señor! Hijo mío, pero ¿qué me estás contando? —gimió el fraile consternadísimo, apretándose las sienes y dilatando los ojos de terror al ver confirmados sus recelos—. ¡Ya me lo sospechaba yo, sí que me lo sospechaba! Pero no tanto, no tanto; creí que el mal sería cosa de menos trascendencia. ¡Hijo, hijo, medita, reflexiona, detente, escúchame! Pierdes tu alma y pierdes las de tus infelices compañeros; das ocasión a un escándalo gravísimo. ¡Señor! ¡Señor! ¡Abrid los ojos a los ciegos, a los padres, que debieran vigilar y se duermen! Atiende, Ramón: es preciso poner remedio a ese daño... Es indispensable, es de conciencia que vayas inmediatamente y se lo cuentes a tu mamá, diciéndole, por ejemplo, así: «Madre..., usted no se asuste, pero tenemos que ponerla sobre aviso... En la casa ocurre esto, esto y esto... Cesen estos bailes, apáguense estas luces, entren aquí el recogimiento y el orden...»

—Pero ¡si estamos todos que nos chupamos los dedos!... —contesté, divirtiéndome en ver al señor vicario enrojecerse y despedir chispas por sus ojuelos, enterrados entre el párpado y emboscados tras la ceja tupida e hirsuta—. ¡Si no vemos el momento de que llegue el baile!...

—Muy bien, caballerito —interrumpió él con severidad y fiereza repentina—. Muy bien. El bobo soy yo. No es a usted a quien toca arreglar este asunto. Y se arreglará..., ¡pues no nos faltaba otra cosa! Se arreglará, Dios mediante. Se lo digo yo a usted que se arreglará.

Embozado en el manteo, aun cuando no hacía frío ninguno, y con heroico esfuerzo atacó velozmente la escalinata.

Aquella noche teníamos reunión danzante, por ser día festivo. Excuso decir que mucho antes de la hora, adelantándola en nuestra impaciencia, nos hallábamos congregados en la sala los futuros danzarines, divirtiéndonos, para esparcir la sangre, en hacer el remolino, ejercicio que acompañábamos con resonantes carcajadas, no bien, a fuerza de girar, se declaraba mareada alguna humana peonza. Estábamos en lo mejorcito, cuando por la entreabierta puerta del gabinete se deslizó mi madre, y en su cara y actitud comprendimos que se trataba de asunto urgente y serio.

—Ramón, ven acá —dijo encarándose conmigo y llevándome hacia un rincón—. Mira, ya eres crecido, y puedes hacerte cargo —añadió, no tan bajo que los demás, si prestaban oído atento, no pudiesen enterarse—. Está ahí el vicario de las Bernardas, y nos ha puesto la cabeza como un bombo a tu padre y a mí. Dice que sois el escándalo de la población; que nos cortan sayos las señoras de respeto, horrorizadas de lo que en esta casa acontece; que el padre te sacó los ochavos esta mañana y que tú confesaste cosas muy feas; que ni en el callejón de la Apalpa sucede lo que aquí, y que ni somos cristianos ni padres, si no ponemos correctivo... Tu padre se ha disgustado: yo también por poco suelto el trapo a llorar.

—Pero mamá, ¡por los clavos de Cristo! —interrumpí—, ¿a qué haces caso de las chocheces del padre? Por darle cuerda y hacerle rabiar, le encajé hoy en la Quintana mil absurdos. Cuanto te dijo lo inventé yo, y fue pura guasa. ¿Qué viene a contarte? ¿No presencias tú y papá, siempre que se os antoja, nuestra reunión?

—No importa, hijo mío, no importa. Tu padre está alarmado, yo también. Realmente eso de bailar... así..., cogidos...

—¡Pues así se baila en todas partes, mamá! —objeté con fuego—. En las tertulias más elegantes...

—Aquí no es tertulia elegante —arguyó mamá, que, careciendo de razones, apeló al argumento de autoridad, imponiéndose—. Y, sobre todo, los demás... allá se arreglen con su conciencia. La mía y la de tu padre nos mandan deciros lo siguiente: no más bailes. Esto se acabó. Jugad... al corro..., a las esquinas...

—¡Al corro! ¡A las esquinas! —clamé indignado—. ¡Como si tuviésemos cinco años!

—Bueno; pues si no, leed..., o armad una partida de tresillo.

—¡Como si tuviésemos sesenta!

—¡Pues haced lo que se os antoje... menos bailar agarrados! ¡Está dicho y... basta! Te encargo de hacer cumplir la orden...

—Salió la señora, y yo transmití el ucase maternal a la asamblea. Tristes y alicaídos, como si nos hubiesen administrado a cada cual una paliza, nos agrupamos alrededor del piano, amparándonos al altar del numen protector de la danza. Nos mirábamos carilargos y silenciosos, y aunque a nadie le inspiró Satanás la idea de desobedecer, a todos les supló en el corazón la protesta. Nos sentíamos no solo privados de un juego favorito, de un goce, sino humillados, disminuidos, reducidos nuevamente a la condición de rapaces, de mequetrefes. ¿A quién, no siendo a un chiquillo, se le veda bailar? Una de mis primitas, de once años, sofocada, se escondió detrás de una cortina, a hacer pucheros. Otra, más varonil, de doce, me dijo por lo bajo:

—Déjame encontrar en la calle al padre vicario, déjame. Le he de poner de soplón y de chismoso y de acuseta, que no haya por donde cogerle ni con tenazas. Ya verás.

—Así permanecíamos, consternados y furiosos, cuando, ¡oh sorpresa!, en la misma puerta vimos encuadrarse la respetable persona del autor de nuestros disgustos, a quien acompañaban los de nuestros días. Venía el buen vicario —porque era bueno, no lo digo con retintín irónico— rebosando por el semblante gozo y paternidad espiritual. La alegría de haber sido obedecido; la satisfacción de haber rescatado nuestras almas le infundían un júbilo visible, revelado en el afectuoso «Felices y santas noches, señoritos y señoritas», que pronunció antes de entrar. Mi madre, sonriente y como reclamando indulgencia, le daba explicaciones.

—Ahí los tiene usted... Se han quedado aturdidos los pobres... Sienten no bailar, lo mismo que si les arrancasen las muelas.

—Vamos, vamos, ¡pobrecitos! ¡Sienten no bailar! Pero, señora mía, ¿quién les manda no bailar? Yo no he dicho que no bailen. Todas las cosas de este mundo pueden hacerse; depende solamente de cómo se hagan. No pueden ni deben sus hijos de usted danzar danzas impúdicas y lascivas, a ejemplo de la meretriz aquella, Salomé, que danzaba... ¡Ya sabemos todos con qué objeto danzaba la gran culebrona! Pero danzas honestas, como la de David ante el arca...

—Pues, padre —intervino mi madre no sin asomos de impaciencia revelada en la voz—, díganos usted cuáles son esas danzas que la moral no reprueba, porque a mí me disgusta ver a los niños aburridos y tristes, y, cuando están satisfechos, parece que se me quita de encima un peso de diez arrobas. A ver, ¿qué deben bailar, según usted, los chicos?

—¿Qué deben bailar, qué deben bailar? Para que vea usted cómo me pongo en la razón, pueden bailar mil cosas bonitas... Por ejemplo: el baile del Querubín.

—¿Del Querubín? —gritamos todos, sacándonos la curiosidad de nuestra digna reserva—. ¿Qué baile es ese?

—¿No lo saben? ¡Ay! ¿Ve, ve cómo no saben lo mejor? ¿Cómo solo aprenden las picardías? —y con ímpetu casi juvenil, el digno sacerdote se adelantó al centro de la sala—. Pues ya que no saben, voy a enseñárselo. Tú, Ramoncito, acá... —diciendo y haciendo, me condujo a una esquina del salón, dejándome allí plantado—. Ahora tú, Conchita... —igual maniobra con mi hermana mayor, solo que situándola en la esquina opuesta—. Ahora... tóquenme en ese piano una tonadita... religiosa... que conmueva mucho..., vamos, el Tantum ergo... no, ¡un villancico será más propio!... Eso... bien... lailalaro, lailá... —y el padre, animadísimo, gorjeaba—. Bueno; ahora tú, Ramoncito, sales así..., moviendo los brazos como si fueran alas, alzando un pie con mucho compás..., luego otro..., mira... —y nos daba el ejemplo—. Tú, Conchita..., cruzas las manos sobre el corazón..., bajas los ojos, muy modesta..., haciendo una reverencia a cada paso que el Querubín dé hacia ti... Así, Ramón... Conchita, bien... Los movimientos de alas..., ¡a compás! ¡A compás!

Yo no sé quién estalló primero: creo que fue la primilla que lloraba detrás de la cortina, y cambió el llanto, instantáneamente, en una explosión de risa tan melodiosa, que parecía la caída del agua en el tazón de una fuente de cristal. A aquella bonita risa de candor, provocada por el espectáculo del padre vicario, arremangando la sotana y alzando «¡a compás!, ¡a compás!» el pie, siguieron otras carcajadas agudas o graves, que partían del grupo arrimado al piano. Yo mismo, el Querubín, no supe contenerme, y solté la risa a borbotones; y Conchita, mi pareja angelical, dando al diablo el compás y la modestia, se agarró con ambas manos la cintura, que de tanto reír se le partía. Y como la hilaridad es contagiosa, mi madre, que no pecaba de risueña, acabó por sacar el pañuelo y aplicárselo a la boca y llenársele de lágrimas de risa los ojos... Hasta observé que mi padre se volvía de espaldas y se retiraba hacia el gabinete; y a despecho de su precaución y disimulo, yo juraría, por el sube y baja convulsivo de sus hombros, que iba perdido, derrotado de risa...

Ahí tienen ustedes cómo nunca nos divertimos más que la noche en que pensamos aburrirnos mortalmente.

• • •

¡Cuán lejos veo ya aquellas doradas horas! La vida me tomó en sus rudos brazos y me zarandeó sin duelo, dándome, según acostumbra, a pena por día, y algunas veces ración doble. Sintiendo allá dentro un sublime hormigueo que llaman sed de gloria, me consagré a las letras, y emborroné algunas páginas, que ignoro si habrán de sobrevivirme. Y en el curso de mi carrera literaria, encontré varios críticos que, inspirándose en las tradiciones del padre vicario, quisieron obligarme a que solo bailase el baile del Querubín... ¡con muchísimo compás!

Nuevo Teatro Crítico, núm. 2, 1891.

Coleccionista

Al notar los vecinos que la puerta no se abría, como de costumbre, que la vejezuela no bajaba a comprar la leche para su desayuno, presintieron algo malo; enfermedad grave y repentina, muerte súbita quizá..., ¿tal vez crimen?

Llamaban de apodo a la mendiga —a quien, por cierto, se le conocía muy bien que había tenido otra posición en otros días— la Urraca. Era debido el sobrenombre a que la buena mujer se traía para casa toda especie de objetos que encontraba en la calle. Como las urracas ladronas, cogía lo que veía al alcance de sus uñas, sin más fin que ocultarlo en su nido. La Urraca —cuyo nombre verdadero era Rosario— no hubiera tomado de un cajón un céntimo; pertenecía a la innumerable hueste de descuideros de Madrid que juzga suyo cuanto cae a la vía pública.

Algunas excelentes albanas recordaba y podía inscribir en sus fastos la vieja, conseguidas al mendigar ante la portezuela de los coches particulares. Al subirse las señoras, al bajarse, son frecuentes las pérdidas de bolsos, saquillos, tarjeteros, abanicos, pañuelos y otras menudencias.

Rosario, «tía Rosario», como le decían las vecinas, veía con ojos de gavilán rapiñero caer el objeto, precioso o baladí, y nunca se dio caso de que lo restituyese. Había tocado el barro del arroyo, y para la gente del arroyo era. Aparte de este criterio, a la Urraca se le podían fiar miles de pesetas; cada uno entiende la probidad como la entiende.

La Urraca, vestida con un mantón de indefinible tono térreo, tocaba la cabeza con un pañuelo negro verdoso, de algodón, salía diariamente, en lo más crudo del invierno y en lo más achicharrante del verano, a pedir y a merodear. Cuando los alcaldes hacían justicia de enero y apretaban en que los pordioseros fuesen recogidos, tía Rosario no extendía la mano; se limitaba a espigar, como siempre, las porquerías del arroyo. Pasada la racha, reincidía. «¡... Para esta abuelica de más de setenta años!... ¡La pobre abuelica, que está muy enferma, que tiene un mal que la mata!... ¡Un perrillo, señora marquesa!...»

La Urraca distribuía los títulos a su modo: las señoras gordas y cincuentonas, marquesas de fijo; las damas de pelo blanquísimo y avanzada edad, duquesas; las buenas mozas de treinta a cuarenta, condesas. Era cuanto sabía de heráldica.

161

Nadie había penetrado jamás en la vivienda de la mendiga. Por lo mismo, la curiosidad de las vecinas era aguda, rabiosa. ¿Qué encerraba aquel misterioso cuarto tercero interior de la calle de las Herrerías? Y casi —al tener un pretexto para descorrer el velo del misterio— se alegraron, sin decirlo, de lo que hubiese podido ocurrir.

Dos horas después la autoridad penetraba en el domicilio de Rosario. Desde la misma puerta, el hedor cadavérico atosigaba.

Lejos de encontrar, como pensaron, una especie de desván lleno de trastos en desorden, de inmundicias, hallaron tres habitaciones de pobre mobiliario, pero muy arregladas, barridas y sin señal de polvo. La vejezuela, en efecto, sacaba diariamente la basura a la calle envuelta en un periódico y oculta bajo el indefinible mantón color de tierra; y lejos de guardar, como la urraca, las cosas que absolutamente nada valían, las desechaba al día siguiente de recogerlas, previo el más minucioso trabajo de clasificación que se ha realizado nunca con despojos y residuos de la vida en una capital.

Centenares de cajitas de tabacos, de esas pulcras cajitas cuya madera seca y sedosa conserva el aroma de los habanos que han contenido, servían a la Urraca para almacenar y guardar, con primoroso orden, su botín. Se supo después lo que las cajas contenían: como que hubo que tasarlo e inventariarlo. Unas encerraban guantes, doblados, delicadamente; otras, pedazos de encaje; otras, alfileres de todos tamaños y formas, horquillas de todos los metales, peines, jabones, pañuelos, alguno de ellos blasonado y enriquecido con puntos de aguja y Venecia... Había flores artificiales, objetos de cotillón, desdorados y marchitos; portamonedas de plata, piel y cartón vil; devocionarios, libritos de memorias, peinas de estrás, agujas de sombreros, frascos de esencias y de medicinas. Había retratos, cartas de amor, letras sin cobrar y, en una cajita especial, billetes de Banco, una bonita suma. Más extrañó el contenido que encerraba un cofre de hierro: amén de ¡un collar de perlas!, alhajillas de menos valor, piedras sueltas, un reloj muy malo, dos o tres sortijas...

Prolijo en verdad sería el recuento del contenido de las cajas: recuérdese todo lo que puede hallarse en la calle, todo lo que diariamente se pierde en una populosa ciudad. ¿Quién no ha tenido, al volver a casa después de un paseo o de una reunión, la sensación desagradable de que algo le falta? ¿Quién no ha echado de menos, al desnudarse, la joya, el manguito, la cadena de los lentes? Fácil es inferir lo que en treinta y cinco años de mendicidad y rapiña llegó a reunir la Urraca.

Y allí estaba la vieja sobre su cama mísera, con el rostro ya afilado: sin duda la muerte la había sorprendido en el primer sueño... La raída manta, rechazada en algún espasmo de la agonía, colgaba, caída hacia el lado izquierdo, descubriendo el cuerpo sarmentoso, los secos pies de esparto, las canillas como palos de escoba maltratados por el uso... Diríase que pies y piernas cansados y gastados de tanto pisar la calle, de tanto vagabundear acechando la presa, se habían rendido y pedían descanso. La camisa, remendada, cubría mal el resto de la anatomía pavorosa de la mendiga. Las greñas, lacias, se esparcían sobre la almohada, de percalina gris, sin funda de tela.

Ropas y mobiliario acusaban la miseria, la sórdida vida de una pordiosera reducida a lo estricto.

El vecindario quedó algo desilusionado: no había crimen; no había ni aun delito; ni asesinato, ni robo. La Naturaleza era la autora de aquella muerte oscura, solitaria, quizá sin sufrimiento, y que bien podía atribuirse a la falta de todo cuidado, al desabrigo bajo la intemperie matritense, a la vida antihigiénica de la mísera Urraca... Si la anciana hubiese echado mano de los recursos no escasos que poseía; si hubiese tenido buena alimentación, un mantón nuevo y lanoso, zapatos que no embarcasen la humedad, ropa interior de franela..., diez años más, tal vez, hubiese podido vivir. Pero —al menos, así me lo he explicado— entonces no hubiese gozado una felicidad que debió de compensarla todas las privaciones voluntariamente sufridas, el frío en el estómago y en los huesos, el puchero aguanoso, el calzado ensopado, que «se ríe»... ¡No hubiese experimentado esas fruiciones sabrosas que disfruta la vejez en compensación de tantas dichas como pierde! ¡No hubiese saboreado la gustosa locura del coleccionismo, el goce egoísta y callado de reunir lo que nadie ve y lo que de nada nos ha de servir!

Sí, esta era la clave; yo no podía dudarlo: la Urraca coleccionaba. ¿Qué? Todo; los objetos que nunca, dada su condición social, hubiese podido poseer; los objetos que a ningún fin podía aplicar; los objetos más heteróclitos, pero cuya busca, en la calle, constituía la ventura y la pasión de su ancianidad. Cazadora en la selva de la capital, de noche, a la luz de la pobre candileja, experimentaría emociones de intensidad violentísima al recontar y clasificar el botín. Allí estaban las riquezas que otros habían dejado de poseer y que ahora formaban el tesoro de la mendiga: allí estaban, deslumbradoras. ¿Desmembrarlas? ¡Nunca! Ni aun tocaría al billete de Banco hallado entre el cieno, a la puerta del Casino o en el umbral de la tienda... Si se deshiciese de sus hallazgos, ¿qué placer o qué comodidad podrían compensar el de guardarlos, de saber que los tenía allí, que aumentaban cada día, con la exploración ardiente en la manigua urbana? Cuanto más la aumentaba, crecía la avaricia de enriquecer la colección... Ni ante la muerte la hubiese descabalado...

Y eché la última ojeada al cadáver de la mujer que fue feliz a su manera, que gozó emociones de refinada y estética intensidad...

La Ilustración Española y Americana, núm. 6, 1910.

En verso

Por tercera vez escribió el soneto, y, paseándose majestuosamente, lo declamó. Luego, meneando la cabeza, volvió a sentarse. Apretaba en la mano el papel y, sin soltarlo, reclinó la pensativa cabeza sobre el pecho. Un suspiro profundo se exhaló por fin de su boca, contraída de amargura. Arrugó convulsivamente en la mano donde aún lo conservaba el borrador, lo arrojó hecho un rebujo informe sobre la mesa y volvió a levantarse y a recorrer el cuarto, no ya al amplio paso rítmico de los lectores en voz alta, sino con el andar agitado y desigual de los momentos en que la locomoción no llena más fin que desahogar la excitación nerviosa.

—¡Otra vez, otra vez la convicción se imponía! Él no era poeta, ni lo sería jamás... No, no lo sería, aunque gastase en procurar serlo las horas febriles de sus noches, las rosadas auroras de sus días, la clama misteriosa de sus tardes y toda la savia de su cerebro y todas las emociones profundas de su corazón... Porque ahí estaba lo desconsolador, lo terrible: que en su corazón había emociones, en su fantasía plasticidades, galas y espejismos, más de los necesarios para dar materia a los versos... Y apenas este contenido de su alma quería bajar a la pluma, expresarse por medio de la rima, era lo mismo que si un chorro de agua fresca hubiese caído sobre la arena del desierto: ni señales.

Este caso del personaje de mi cuento —que se llamaba Conrado Muñoz— no es raro ciertamente... Todos hemos conocido hombres cuya conversación está impregnada de poesía, cuyo modo de ser tiene mucho de bello y de significativo, y cuyos versos son la misma insignificancia, la misma sequedad, la quinta esencia de lo vulgar y de lo cursi literario, la diferencia que encuentro entre Conrado y los demás poetas chirles que lógicamente no debieran serlo, consiste en que Conrado se conocía. ¿Hay sabiduría; hay ciencia más amarga que esta de conocerse cuando el conocimiento descubre el irremediable, el fatal límite de las facultades?

No habían podido más que la perspicacia de Conrado las fáciles lisonjas de los amigos, ni las inverosímiles benevolencias hiperbólicas de algunos periodistas, ni su propio anhelo, que es siempre el mayor engañador... Llevaba dentro implacable juez; era un crítico admirable de tino y sagacidad... también en lo secreto, en lo íntimo; porque, llegado el punto de expresar por escrito sus juicios certeros, fracasaba lo mismo que al rimar, y solo acudían a su pluma indignos lugares comunes, de una insignificancia desesperante... Dando vueltas a esa miseria de su destino, el frustrado poeta llegaba a encontrarlo anunciado en la unión de su apellido y nombre de pila. Conrado es, sin duda, un nombre muy poético y bello, de novela y de leyenda. En cambio, Muñoz huele a garbanzos y a trivialidad. ¿Comprenderíais que un gran poeta se llamase Muñoz? Así, lo primero en él, la idea, el Conrado, era estético y digno de salir a luz; pero lo segundo, Muñoz, el desempeño de la obra, era algo sin forma ni carácter, algo que tenía que acabar por ponerle en ridículo...

Sí; poseía Conrado talento suficiente para estar de ello seguro; a la larga o a la corta, el ridículo, como azote de la justicia inmanente, cae sobre los malos poetas. Cae hasta sobre aquellos que, revestidos de una cáscara engañosa, son malos y parecen buenos, y cuyos versos hasta se recitan en tertulias, entre babas de señoras y éxtasis fingidos de compañeros de profesión. Al que remeda a Apolo, Apolo acaba siempre por desollarle, como al sátiro. Conrado tenía el alma lo bastante generosa para poder contentarse con la farsa literaria. No, no era eso. Eso lo desdeñaba, lo vomitaba su espíritu; eso hasta le enloquecía de rabia. Sin duda, el que se sacia con apariencias es más feliz. Conrado estaba seguro de obtener —si desplegaba asiduidad y flexibilidad y destreza en conducirse— cierto renombre; podría ser académico, árcade, felibre... Lo malo, repito, del caso especial de Conrado Muñoz era que pretendía ser poeta ante dos testigos veraces: ante la posterioridad y ante sí mismo... Y allá dentro, una voz burlona repetía: «No seas necio. No pretendas lo imposible. Tus versos son, en definitiva, irremisiblemente malos.»

Dio vueltas como el león en su jaula, y después, abatido, vino a dejarse caer en el sillón, el mismo que le había visto tantas horas emborronar papel, morderse las uñas en busca de un concepto o un consonante, leer afanosamente los modelos para inspirarse, cediendo, a pesar suyo, a la tentación plagiaria que sufren los que no encuentran prevenida la inspiración... Y al cabo, rendido a un dolor verdadero, un dolor hermoso —que era poesía—, dejó caer la cabeza sobre las manos y filtrarse entre los dedos algunas lágrimas... Lloraba lo que más se ama: la ilusión, la quimera muerta, que al sucumbir parece que nos deja enteramente solos, abandonados, perdidos en las tristezas del mundo. Ya he dicho que dentro —allá muy dentro— de Conrado había muchos poemas, infinitas estrofas, hartos lieders y varias hondas elegías. Una de ellas era la que salía a sus ojos entonces, en forma de llanto. Como una monja magullada por los hierros de la reja, segura de concluir sus días en reclusión, sin que nadie haya sondeado el negro abismo de sus ojos, Conrado lloraba todo lo que no podía decir, todo lo que se moriría, guardado secreto, toda la divina beldad de su idea, lastimada y perpetuamente encerrada en la mezquindad de su forma... «Mi vida carece ya de objeto, carece de razón de ser —pensaba—. Mejor sería irse de ella...»

Muchos poetas, en efecto, habían terminado por ahí... Nombres gloriosos, eternamente envidiados, desfilaron por su memoria... Pero ellos eran poetas, poetas de verdad, y tenían derecho al romanticismo. No así él. Muñoz el grotesco, Muñoz el fracasado... Morir de tal suerte sería una ridiculez más. Para él, la muerte debía venir rodeada de su aparato cotidiano y burgués, el médico, las recetas, el termómetro clínico, la «itis» más usual, la que más humilla a la materia vil y paciente... Y volvió a gemir entre risas de rabia, golpéandose desesperadamente la frente inútil, la que no había sabido entreabrirse, jupiteriana, para dar paso a la Musa prisionera...

En ese sobresalto de impaciencia ambulatoria que causan los dolores agudos, requirió bastón y sombrero y se echó a la calle... Era un día de gran gentío, un domingo. Sin darse cuenta del porqué, tomó el camino de la Florida. No sabía quizá ni por dónde andaba. Su idea fija daba cuerda a sus pies de soñador impenitente. Andaba, andaba distraído, abstraído, enredándose con la villana muchedumbre, que le miraba con fisga o le empujaba con grosera insolencia. Ni se volvía. Encontraba en andar un lenitivo, y por instinto se encaminaba hacia donde hubiese árboles, aire, espacio y soledad. Fue necesario que oyese un grito salido de muchas bocas, un clamor de espanto, para que se diese cuenta de que ocurría algo insólito, capaz de sacar de su ensimismamiento a una estatua...

Volvió la cabeza y se enteró rápidamente. El tranvía, alzando nubes de polvo, volaba por una pendiente abajo, y en medio de la entrevía estaba una criatura, niña o niño, que ni eso había tiempo de ver, porque lo horrible de la situación es que de nada había tiempo; ni de que el disparado coche se detuviese, ni de que la criatura, oyendo los gritos, corriese a ponerse en salvo... No, no había tiempo material; tenía que ser aplastada la inocente víctima en mucho menos plazo del que se escribe esto...

Y tampoco hubo tiempo de que Conrado lo reflexionase. La inspiración, rebelde para lo rimado, vino súbita, fulmínea. Le deslumbró, como a Saulo el relámpago entre el cual se le aparecía Cristo. Era la muerte casi segura; para desviar a la criatura había que exponer el cuerpo... Conrado se precipitó; un segundo más tarde... hubiese sido tarde. Con un brazo echó fuera de los rieles al pequeñuelo, que rompió en sollozos, y con el otro brazo, instintivamente, quiso detener la masa de hierro y madera que se le venía encima, a pesar de los desesperados esfuerzos del conductor para sujetarla...

Y su último pensamiento —antes de perder la conciencia al despedazarse su cráneo— fue este, altivo y satisfecho:

«He escrito una admirable poesía...»

El Imparcial, 5 de julio de 1909.

El sino

Durante las largas travesías —y lo era realmente aquella de Lisboa a Río de Janeiro, en un barco de muy medianas condiciones— se forman, involuntariamente, roto el hielo de las primeras horas y vencidas las congojas primeras del mareo, lazos de unión que, creando amistades pasajeras, con apariencia de profundas, ayudan a entretener el tedio de las horas en que no se sabe materialmente qué hacer.

A bordo, sin muchos libros, sin pasajeras guapas para el «flirteo» reducidos a contemplar un mar de aceite cuajado y un cielo de un azul violento, que iba siendo de metal empavonado según nos acercábamos al trópico, se anhela la más leve sensación; todo interesa. Cuando en una gran ciudad pasamos por entre la muchedumbre, ningún caso hacemos de los que nos rodean; pero entre cielo y agua, sobre cuatro tablas, los seres humanos que corren la misma aventura que nosotros nos parecen no solo hermanos en humanidad, sino amigos y enemigos declarados, a poco que el roce constante despierte la simpatía o determine la antipatía. Y aquel muchacho de tez mate, de aspecto enfermizo, no tardó una semana en hacer conmigo las mejores migas del mundo, estableciéndose entre nosotros esa confianza que impide tener secretos. Por otra parte, la confianza se estimula poderosamente con la certidumbre de que la persona a quien nos confiamos no volverá, pasadas las circunstancias actuales, a estar en contacto con nosotros; que no influiremos en su vida ni ella en la nuestra; que, verosímilmente, ni a vernos volveremos nunca. Esto nos sucedía a Sebastián Porto —tal era el nombre de mi joven amigo— y a mí. Llegados al término de nuestro viaje, no creíamos fácil encontrarnos otra vez. Él era mulato, hijo de un plantador, y se dirigía a la fazenda de su padre, situada más allá de Marañón; yo no necesitaba pasar de Río de Janeiro para los asuntos comerciales que tenía que despachar; una vez ultimados, me volvería a Europa. Nos hablábamos, pues, a pecho descubierto el muchacho y yo.

Mis confidencias fueron más optimistas que las suyas. Todo lo que Sebastián contaba de sí mismo presentaba un sello de desaliento y tristeza, a veces teñido de color supersticioso. Se creía, sinceramente, destinado a sufrir y a morir joven, y la idea de la muerte había llegado a serle no diré grata, pero sí familiar. Tenía además la pretensión de que llevaba consigo la desgracia, y me previno para que evitase su compañía, de lo cual me reía y burlaba yo.

Parte por compasión, parte por temperamento, me dediqué a desanublar aquella alma envuelta en la más honda de las melancolías, que es la de las razas inferiores. Si Sebastián tuviese toda la sangre blanca, de seguro no padecería esta depresión del ánimo.

Preguntándole un día, en tono de broma, de dónde sacaba que iba a sucederle tantas cosas malas y funestas, supe que tales ideas se las había infundido su nodriza, una negra de la Costa de Oro, que había sido cimarrona y capturada por uno de esos capitanes do mato que se dedican a recoger los esclavos fugitivos. Según Sebastián, su nodriza pertenecía a una raza de negros más inteligentes, que saben de encantos, filtros, hierbas medicinales y canciones tristes, acompañadas con el banjo. En la fazenda todos la tenían por profetisa, y pocos días antes de morir la madre de Sebastián, que gozaba de la mejor salud, la negra vaticinó la desgracia.

—A mí me ha repetido mil veces que nada me saldría bien y que mi suerte será funesta —repetía el mozo, agachando su cabeza bonita, de pelo rizado, mientras sus grandes ojos negros, del más brillante terciopelo, se ensombrecían con la niebla del terror a lo desconocido...

Mis chanzas, mis escepticismos, hicieron, no obstante, favorable impresión en el espíritu del joven. Según avanzábamos en feliz navegación, habiendo transpuesto las islas de Cabo Verde, y pasando el Ecuador, entre los ritos y humoradas que los marineros, en tal circunstancia, no omiten, se reanimaba Sebastián, y hasta en el famoso bautismo de la Línea puedo decir que se mostró más alegre y exaltado que nadie, La raza primitiva, de la cual había gotas de sangre en sus venas, se revelaba también en esta violencia del gozar y de la expansión.

Poco distábamos ya del término de nuestro viaje, cuando una tarde noté en Sebastián extraño ensimismamiento. Comprendí que sus habituales preocupaciones habían vuelto a apoderarse de él.

—¿Qué te pasa? —le pregunté, pues en nuestra intimidad ya imperaba el tuteo.

—Siento —contestó— la opresión, el ahogo en el pecho que me anuncia las desventuras. En toda mi vida lo he percibido tan fuerte como hoy.

—No —exclamé, para tranquilizarle, y además porque así lo creía—. Lo que tú notas, y yo también, es el anuncio de tormenta. Los marinos conocen bien esta especie de densidad del aire, esta calma asfixiadora que nos abruma. Parece que nos rodea una capa de plomo. Ya podía esto haber ocurrido dos o tres días más tarde, en cuyo caso estaríamos entrando en la bahía de Río de Janeiro.

No tardó en verificarse mi presagio. Anochecía a la hora en que sentimos los primeros amagos de tempestad.

Ráfagas furiosas de viento sacudieron la embarcación, como sacude la pasión un alma trémula. Se oyó el siniestro silbido de las jarcias y el castañetazo seco de la vela, estallando de puro tensa, próxima a romperse. La tablazón del buque crujía como si fuese a desencuadernarse; la madera rechinaba y se quejaba hondamente. El barco cabeceaba, lidiando embravecido él también con las altas olas enemigas, enormes, que tan pronto ascendían a los penoles como se precipitaban por debajo de la quilla, levantando a la embarcación para dejarla caer en breve al abismo. Reventando en inmensa masa líquida, aterradora, contra la frágil caja de leño en que unos cuantos hombres luchaban con el monstruo, las olas emitían su ronco y feroz canto de guerra y nos amenazaban con segura muerte...

En casos tales, los pasajeros siguen su inclinación: si son medrosos, se refugian en la cámara, apiñados, rezando o mudos de puro miedo; si son animosos, salen a cubierta y tratan de hacerse útiles, aunque comprendan que solo los marinos de profesión pueden lidiar con la fiera.

Sebastián y yo subimos a cubierta desde el primer instante. El muchacho parecía haber olvidado sus negros presentimientos ante la acción y el inminente peligro, que tiene la virtud, por su misma fuerza, de curar a las enfermas imaginaciones. Empeñábase en auxiliar a la escasa tripulación, que, a la luz de los relámpagos, veíamos subida a las vergas, agarrándose desesperadamente, en su ardua faena de coger rizos. Cuando el relámpago nos iluminaba, reflejándose en la húmeda cubierta y en la palpitante superficie del mar, nos sentíamos más resueltos que cuando la oscuridad profunda nos envolvía. La luz, aunque sea esa luz terrible que precede al trueno, tiene la virtud de consolar.

Hubo un momento en que no nos veíamos ni el bulto, y solo oíamos la voz rota y enronquecida del capitán gritando órdenes, que el fragor de la tempestad impedía comprender. Y de súbito, entre los clamores del combate, he aquí que se destaca un grito angustioso, una lamentación de agonía. Conocí el acento de mi amigo... Acababa de arrastrarle el agua.

Un relámpago me quitó la duda que pudiese quedarme... Le vi perfectamente en la cresta de una ola, luchando para aproximarse, y empujado en distinta dirección, a pesar suyo. Grité: no sé de dónde saqué tal chorro de voz... «¡Sebastián! ¡Sebastián! Espera, sostente...» Un cabo apareció, no sé cómo, y un marinero me ayudó a lanzarlo. Era un cabo recio, sólidamente amarrado y que atirantaríamos con todo nuestro vigor. Y repetíamos, enloquecidos de compasión y de ansia de salvar aquella vida: «¡Hombre al agua! ¡Hombre al agua!»

El capitán nos oyó... Corrió hacia nosotros; algunos hombres se nos unieron; Sebastián había cogido el cabo y se esforzaba en acercarse al costado del buque; pero se lo impedían las olas, ladrantes y espumantes como alanos que se arrojan sobre la pieza de caza. «¡Valor! —le gritábamos—. ¡Aprieta! ¡Hala!» Veíamos que se agotaba su resistencia, que se crispaban sus nervios, que se descomponía su semblante. La rápida marcha del buque nos obligaba a derrochar inútilmente fuerzas en el trágico salvamento... Ni el náufrago ni nosotros podíamos más... Y rabiosas como nunca, trepaban las olas a querer hundirnos... Hicimos un esfuerzo supremo; tiramos con loca rabia; el cuerpo del náufrago se alzó un instante; ya le creíamos nuestro. Y, en el punto mismo, un relámpago me permitió ver su gesto de desesperanza suprema, su fatalista renunciación. Sebastián desapareció entre el agua espumeante, que se abrió para tragarle, boca ansiosa, nunca saciada...

Y al punto mismo —como si el mar aceptase la ofrenda expiatoria de no sabemos qué antiguo crimen— el viento amainó, el oleaje se apaciguó y pudimos continuar tranquilamente nuestra travesía hasta llegar a la bahía más bella del mundo.

Blanco y Negro, núm. 982, 1910.

Paracaídas

¡Es tan vulgar el caso! Al tratarse de infortunios, asaz comunes, corrientes y usuales, ocurre, naturalmente, desenlaces previstos también: el disgusto momentáneo en la familia, un período de rencillas y desazones, y, al cabo, la reconciliación, que cicatriza más o menos en falso la herida, pero siquiera ataja la sangre del escándalo...

No obstante, algunas veces la realidad presenta inesperadas complicaciones, y no son los finales tan pacíficos y burgueses.

Hay siempre, en las grandes penas de la vida, un momento especialmente amargo. En apariencia, se agranda el abismo del destino, y los que a él se asoman sienten que es insondable ya. Para Celina fue este momento aquel en que participó a su madre la resolución adoptada, y vio su propia desesperación reflejada en las mejillas, ya consumidas por la edad, y en los ojos amortiguados —había llorado mucho— de la infeliz señora.

Todo padre está sentenciado a sufrir no los dolores que normalmente corresponden a una vida humana, sino los de muchas vidas. Eso es, principalmente, la maternidad: solidaridad con unos cuantos seres para sufrir doblemente lo que ellos sufran.

La madre de Celina, aquella modesta y resignada señora de Marialva, tenía el corazón, según la hermosa imagen mítica, coronado de espinas, pero espinas maternales.

De seis hijos le quedaban tres. Los otros, una niña preciosa, una flor, y dos mocetones, con su carrera terminada, habían muerto en lo mejor de la edad, del mismo mal que su padre, aunque ahora dicen los médicos que la tisis no se hereda.

Los dos muchachos que vivían, habían salido haraganes, viciosos, derrochadores, y en meses no aparecían por su casa, a menos que viniesen a pedir dinero. Uno de ellos, el más joven, acababa de ser descalificado y expulsado de un Círculo por graves indelicadezas en el juego. El único oasis donde podía reposar la señora de Marialva era el hogar de Celina, esposa de Tomás Espaldares, cosechero y exportador de vinos. El matrimonio Espaldares parecía enteramente feliz. Rico y generoso, Tomás era pródigo en obsequios a su mujer, a la cual seguía tratando con galantería de novio, y a su vez Celina, casada por inclinación, no por codicia de los millones del cosechero, estaba cada día más prendada, con la vehemencia de su sangre, tal vez mora, pues los Marialvas venían de Granada, de familia serrana y vieja. La única nube era la falta de sucesión; pero ¡había tiempo!, y la madre de Celina decía siempre: «No los desees, o pide a Dios no tenerles demasiado cariño.»

Al enterarse de la desgracia de Celina y del extraño propósito que venía a anunciar, la señora de Marialva sintió la herida en el único punto sano, en lo intacto de su vitalidad, y una palpitación violenta denunció el estado cardiaco, la sofocación cruel. Celina, tiernamente, la cuidó, prodigándole cariños, besándola, entre llanto y palabras bruscas, afectuosas.

—¡Mamá, no te aflijas; todo tiene remedio en el mundo! Dentro de dos años estaré acostumbrada a mi nueva condición, y es fácil que contenta y divertidísima. Y si no estoy contenta, por lo menos estaré vengada. ¡Vengarme! Debe ser muy bueno. Que sepa, que sepa cómo duele...

—Celina —aconsejó la madre, ya un poco respuesta y dominando su mal—, tú estás loca en este momento, y cuando estamos locos, hay que suspender toda determinación, porque no somos nosotros quienes determinamos, sino nuestra locura. ¡Hija de mi vida, pobre es el consuelo; pero tu caso es tan corriente: Todas, o casi todas las mujeres, hemos..., hemos...!

—¡Mamá —suspiró Celina con ternura respetuosa—, si mi caso es corriente..., mi alma no lo es! Y como los casos son según las almas, ahí tienes por qué no cambia mi modo de sentir el que sea corriente el caso. No creas, a Tomás se le previene: el día en que se cansase de mí, debía decírmelo, decírmelo claro, sin ambages; nunca exponerme al ridículo, a la afrenta, a la sorpresa de la traición; a encontrarme sustituida y, ¡por quién! No, mamá; ¡si ya no lloro!; se me han secado las lágrimas. Si volviese a llorar, sería de vergüenza. ¿Sabes tú lo que es confiar absolutamente, incondicionalmente, en una persona; creer que en ella no cabe la vileza ni la mentira... y descubrir de pronto, por casualidad...?

—Sé de todas las penas —respondió la señora—. Las mujeres nacemos para eso: para ser burladas... y perdonar.

—¡Según! Yo no soy tan buena, ¡no! Cada uno, te lo he dicho, siente y quiere con su propia alma. No he salido a ti; saldré a algún abuelo vengativo. ¡Quiero vengarme! ¡Única dicha que ya me queda!

—Pero ¡si vas a empeorar tu situación!... ¡Si te haces daño a ti misma!... ¡Si te vengas suicidándote!...

—¡Y quién no te dice que eso es lo que busco! —exclamó Celina con tan desconsolada expresión, que la madre se echó a llorar de nuevo—. ¡Vamos, no llores, mamita, no llores!... ¡Creí que había agotado el sufrir, y me faltaba eso!..., ¡el peor rato! A bien que, desde mañana, ¡viva la alegría! ¡Cuánto voy a reírme! Adopto una profesión festiva. Tomás no tendrá nada que decir. ¿No me vendió por una actriz de teatrillo? Pues cupletista me hago. Dicen que sirvo admirablemente para el oficio. Parece que tengo la figura, la voz, los movimientos..., todo.

Soltando una carcajada sardónica, se colocó en actitud de dar gracias al público.

—Visto que no hay fe, ni ley, ni palabra, que todo, todo es mentira..., ¡todo, todo!, vamos a divertirnos, a reírnos, madre... Me aplaudirán muchísimo; recibiré regalos a montones; ramos de flores a cestas, como los que Tomás le manda a esa mujer; los he visto... Y también he visto las cuentas de las alhajas... Catorce mil duros, ¿eh?... No se trata de un capricho pasajero. Y tampoco en mí se trata de una pasajera manía. Cada mañana, en los periódicos, encontrará detalles de mis triunfos, de mis piruetas, de mis gorgoritos... ¡Oh! ¡Que tenga paciencia; era cosa convenida entre nosotros que el engaño da derecho al desquite!

—Tu marido puede oponerse a que hagas ese género de vida.

—¡Se guardará! —replicó Celina, sombríamente—. Sí, usando de facultades que la ley no debiera darle (ya que la ley no le vedó partirme el corazón); ¡entonces me acordaré de que hay tantas cosas que la ley no puede prohibir!...

La señora tembló. Su palidez se hizo azulada. Se llevó al pecho la mano.

Celina la abrazó otra vez estrechamente.

—¡Mamá, no te pongas enferma, no te mueras! Si la maldad de ese hombre me cuesta, además de mi felicidad, tu vida, entonces...

Un relámpago fiero brilló en los árabes ojos de la granadina.

—Ya sabes que soy mujer que cumple lo que dice. Te advierto que en el primer momento pensé en esa solución, y era la más justa. Habíamos convenido también en que si yo le engañase con falsedades y mentiras, era natural que me matase. Es él quien engaña; luego es él quien debe morir. Si te molesta mucho que yo cante en escenario, dilo..., ¡y se cumplirá de otro modo la justicia! Porque, cumplirse..., eso, ¡no hay remedio!

La madre miró a su hija y comprendió. Sobre aquel cerebro, envuelto en una nube roja, no actuaban, no podían actuar, ni el consejo, ni la escéptica y resignada filosofía de «mal de muchas...» Quizá más tarde se pudiese influir sobre aquella alma infernada. En aquel momento, no.

—Te doy palabra —murmuró la señora, con heroico esfuerzo— de no enfermar, de no morir... Tú sigue tu impulso... Pero, como no has de andar por el mundo sola, iré contigo... ¿Me lo permites, Celina? ¿Me lo permites?

La hija se arrodilló y besó las manos trémulas.

—Sí, vente, madre... ¿Quién sabe si me salvarás?

La Ilustración Española y Americana, núm. 3, 1910.

Libros a la carta

A la carta es un servicio especializado para
empresas,
librerías,
bibliotecas,
editoriales
y centros de enseñanza;
y permite confeccionar libros que, por su formato y concepción, sirven a los propósitos más específicos de estas instituciones.

Las empresas nos encargan ediciones personalizadas para marketing editorial o para regalos institucionales. Y los interesados solicitan, a título personal, ediciones antiguas, o no disponibles en el mercado; y las acompañan con notas y comentarios críticos.

Las ediciones tienen como apoyo un libro de estilo con todo tipo de referencias sobre los criterios de tratamiento tipográfico aplicados a nuestros libros que puede ser consultado en Linkgua-ediciones.com.

Linkgua edita por encargo diferentes versiones de una misma obra con distintos tratamientos ortotipográficos (actualizaciones de carácter divulgativo de un clásico, o versiones estrictamente fieles a la edición original de referencia).

Este servicio de ediciones a la carta le permitirá, si usted se dedica a la enseñanza, tener una forma de hacer pública su interpretación de un texto y, sobre una versión digitalizada «base», usted podrá introducir interpretaciones del texto fuente. Es un tópico que los profesores denuncien en clase los desmanes de una edición, o vayan comentando errores de interpretación de un texto y esta es una solución útil a esa necesidad del mundo académico.

Asimismo publicamos de manera sistemática, en un mismo catálogo, tesis doctorales y actas de congresos académicos, que son distribuidas a través de nuestra Web.

El servicio de «Libros a la carta» funciona de dos formas.

1. Tenemos un fondo de libros digitalizados que usted puede personalizar en tiradas de al menos cinco ejemplares. Estas personalizaciones pueden ser de todo tipo: añadir notas de clase para uso de un grupo de estudiantes, introducir logos corporativos para uso con fines de marketing empresarial, etc. etc.

2. Buscamos libros descatalogados de otras editoriales y los reeditamos en tiradas cortas a petición de un cliente.

www.ingramcontent.com/pod-product-compliance
Lightning Source LLC
Chambersburg PA
CBHW032227080426
42735CB00008B/743